"十三五"高等教育教学改革行动计划系列教材●会计专业

# ERP
# 沙盘模拟经营

主　编●蔡雪莹　谢鹏如　王　超
副主编●吴　英　付　阳

電子工業出版社
Publishing House of Electronics Industry
北京·BEIJING

图书在版编目（CIP）数据

ERP沙盘模拟经营 / 蔡雪莹，谢鹏如，王超主编. —北京：电子工业出版社，2017.2

ISBN 978-7-121-30671-6

Ⅰ. ①E… Ⅱ. ①蔡… ②谢… ③王… Ⅲ. ①企业管理－计算机管理系统－高等学校－教材 Ⅳ. ①F272.7

中国版本图书馆CIP数据核字(2016)第311336号

策划编辑：尉　敏
责任编辑：尉　敏
印　　刷：北京捷迅佳彩印刷有限公司
装　　订：北京捷迅佳彩印刷有限公司
出版发行：电子工业出版社
　　　　　北京市海淀区万寿路173信箱　　邮编 100036
开　　本：787×1092　1/16　印张：9.5　字数：202千字
版　　次：2017年2月第1版
印　　次：2020年1月第5次印刷
定　　价：29.00元

凡所购买电子工业出版社图书有缺损问题，请向购买书店调换。若书店售缺，请与本社发行部联系，联系及邮购电话：（010）88254888，88258888。

质量投诉请发邮件至zlts@phei.com.cn，盗版侵权举报请发邮件至dbqq@phei.com.cn。

本书咨询联系方式：（010）88254199，sjb@phei.com.cn。

# 前言

ERP 沙盘模拟教学目前已经被中职、高职、本科等很多院校所接受并开设课程，其新颖的教学方式让课堂气氛活跃，学生参与度高，同时具备趣味性和对抗性，深受广大师生喜爱。该课程主要是将学生分成若干小组，每个小组经营一家生产型企业，一般从事 6～8 个会计年度的经营活动，主要涉及管理、会计、营销、生产、物流等基础知识，在经营过程中学生发现问题，然后以小组讨论的方式来解决问题，让学生深刻体验经营公司的艰难，并且明白管理者所要具备的综合能力和素养，从而针对自己的职业发展规划做出改变。

原有的手工沙盘教材已经不能满足现在教学的需要，本教材主要是针对中职院校使用的“创业者”软件和高职、本科院校使用的“商战”版软件来编写的，编者在教学和指导学生参加竞赛的过程中，深深感受到编写此教材的必要性和迫切性。该教材主要有以下特色：

1. 主要是以服务教学为目的，用经典案例来讲解经营流程，有详细图示解析，通俗易懂。

2. 本书的几个编者都是从事沙盘教学的资深教师，并且指导学生竞赛有突出成绩。

3. 荣获国赛一等奖的学生回顾真实比赛经历，对企业中的不同角色和职责进行剖析，方便老师和学生学习，做到以学促赛，以赛促学。

4. 本教材附有网址链接，沙盘课程网站会不定期更新资料，授课与指导比赛同时进行。

本教材由江西工业工程职业技术学院蔡雪莹、谢鹏如以及黑龙江农垦职业学院王超担任主编，吴英、付阳担任副主编。蔡雪莹负责编写项目一和项目二，谢鹏如编写项目三，蔡雪莹、谢鹏如、吴英和付阳合编项目四。在编写过程中得到王腾飞等老师的帮助，在此一并感谢。

本教材适合中职、高职、本科等院校 ERP 沙盘课程使用，也可以作为培训沙盘授课老师的参考资料。如果在使用本教材过程中有任何问题和建议，可以通过出版社联系编者。

由于编者水平有限，如有疏漏和不当之处，敬请指正，并及时反馈给编者，以期日后改正和完善。

编者

2016 年 12 月

# 目录

# 项目一

# ERP 沙盘模拟简介

## 任务一 ERP 沙盘的起源

公元 32 年，东汉名将马援在光武帝面前用米堆成山谷沟壑等地形地物，然后指点山川形势，标示各路部队进退往来的道路，对战局的分析透彻明白，这是中国记载沙盘最早使用的历史。在军事题材的电影、电视作品中，我们常常看到指挥员们站在一个地形模型（见图 1-1）前研究作战方案，这种根据地形图、实地地形或航空照片，按一定的比例关系，用泥沙、兵棋和其他材料堆制的模型就是沙盘。后来不断发展演变，形成了现在的建筑模拟沙盘、房地产沙盘（见图 1-2）、工业地形沙盘等。

图 1-1　军事沙盘

图 1-2　房地产沙盘

自从 1978 年被瑞典皇家工学院开发之后，ERP 沙盘模拟课程迅速受到很多高校认可。现在国际上许多知名的商学院（如哈佛商学院等）和一些管理咨询机构都在使用 ERP 沙盘模拟演练，对职业经理人、经济管理类学生进行训练，使受训者在实际经营过程中提高其决策和运营能力。

20 世纪 80 年代初期，我国引入该课程，主要是用于企业的管理层培训。21 世纪初，一些软件公司相继开发出 ERP 沙盘模拟教学课程，主要是手工（物理）沙盘，并且快速被很多院校接受，现在越来越多的院校开设了 ERP 沙盘模拟课程，课程反映效果非常好。ERP 沙盘模拟不断发展完善，由最初的手工沙盘到现在的创业者电子沙盘以及商战版电子沙盘。

## 任务二　生活中的 ERP

其实在我们的日常生活中，ERP 对我们来说并不陌生，举个生活中的小例子来给大家讲解（见图 1-3）。以下是一段对话：

老公：亲爱的老婆，晚上我想在家请几个朋友吃饭，老婆大人您看可以吗？**（订货意向）**

老婆：没问题的，有几个朋友来，都喜欢吃什么菜呢？**（商务沟通谈判）**

老公：有 4 个朋友，我们晚上 6 点就到家了，准备一些啤酒、烧鸡块、烤鸭、小炒肉、凉素菜、紫菜蛋汤……你看行吗？**（发出订货单）**

老婆：好的，明白，我会提前准备的。**（订货单确认）**

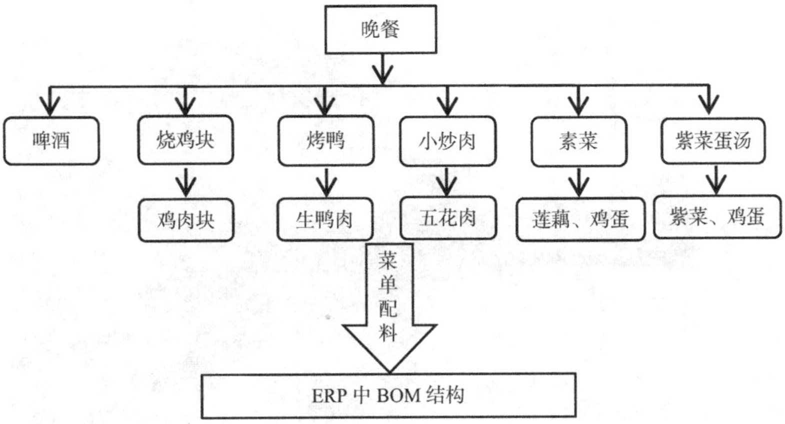


图 1-3　生活中的 ERP

## 一、列示晚餐菜单材料清单

① 一只生鸡
② 一只生鸭
③ 1.5 斤五花肉
④ 2 斤莲藕
⑤ 6 个鸡蛋
⑥ 500g 紫菜
⑦ 4 个鸡蛋
⑧ 一箱啤酒（12 瓶）

（⑤—⑦）共用材料

→ ERP 中 BOM 物料需求

## 二、去厨房检查所需材料

① 冰箱只有 4 个鸡蛋
② 3 瓶啤酒

（①—②）ERP 中的库存材料

## 三、晚餐采购清单

① 一只生鸡
② 一只生鸭
③ 1.5 斤五花肉
④ 2 斤莲藕
⑤ 6 个鸡蛋
⑥ 500g 紫菜
⑦ 9 瓶啤酒

（①—⑦）ERP 中的材料净需求

图 1-4　晚餐操作中心（相当于 ERP 中的生产车间）

## 四、安排做菜流程（相当于 ERP 中的生产工艺）

洗 ⟹ 切 ⟹ 炒 ⟹ 煮

儿子：妈妈，我今天请女朋友来家里吃饭，可以吗？（紧急加单情况）

妈妈：没问题，放心就好！你们想吃什么呀？

儿子：一个腐竹炒肉，一个爆炒鱿鱼丝，我们 7 点左右会到家，谢谢妈妈！

老婆：喂，儿子要带女友回来吃饭，你回来时候到超市购买 1 斤鱿鱼须和 1 斤腐竹。（准备加急订单）

老公：OK，好的！

以上就是我们生活中经常遇到的情况，其实 ERP 沙盘模拟没有什么神秘的，它就来源于我们的生活。

# 任务三　开设 ERP 沙盘课程的意义

ERP 沙盘模拟对抗实训课程借助沙盘模具，基本再现了生产型企业经营管理的过程，将企业的主要部门和工作对象制作成电子虚拟模型，将企业经营过程设计为一系列简化规则，让受训者分别担任企业总经理、财务总监、市场总监、生产总监、采购总监等职务。

通过学生参与→电子沙盘→模拟经营→对抗演练→教师评析→学生感悟等实训环节，融理论与实践为一体、集角色扮演与岗位体验于一身的设计思想，ERP 沙盘模拟就这样将“生产制造企业”搬进了课堂。

ERP 沙盘模拟是一种“体验式”、“互动式”、“趣味性”等全新的教学手段和方法，学生作为课堂教学活动的主体，老师作为引路人，这是针对传统教学方法的创新改革，也顺应了现在创新创业浪潮的发展。该课程既能让受训者全面学习、掌握经济管理知识，又可以充分调动受训者学习的主动性与参与性，让受训者身临其境，真正感受一个企业经营者直面市场竞争的精彩与残酷，承担经营的风险与责任。这是学生了解并认识企业经营的最佳途径，对学生开放及寻找职业兴趣点有很大的帮助，有助于学生理论联系实际，在企业摸拟中使理论和知识得到实践，决策更具有明确性，有利于教师指导，并由此综合提升受训者经营管理的素质与能力。

ERP 沙盘模拟和现实中的企业并不是完全一样的，我们在课程中不能过分追求模拟企业和现实中企业的一致性。ERP 沙盘模拟将企业内外部环境简化成一系列规则，为了操作运营流畅，把所得税、管理费、原料采购等事项简化设置，只要受训者熟悉掌握处理问题的思维角度，处理问题的方法科学合理即可。在实训课程中，要把握住主次问题，而不是钻牛角尖。

# 任务四 ERP 沙盘课程体系建立及内容

## 一、课程体系的建立

本课程以模拟经营生产制造企业案例为情境，以生产制造企业运营为载体来组织教学，将职业行动领域的工作过程融合在项目训练中，课程项目结构与学时分配如表 1-1 所示。

表 1-1 课程项目结构与学时分配表

| 序　号 | 项目名称 | 子项目名称 | 项目内容 | 学时 |
|---|---|---|---|---|
| 1 | 项目一 | ERP 沙盘基础知识 | ERP 沙盘概述、ERP 沙盘的发展阶段及趋势、ERP 沙盘信息化管理系统的结构 | 2 |
| 2 | 项目二 | ERP 沙盘的实施和管理 | 组建 ERP 沙盘领导小组和制定模拟企业工作规划、建立企业组织机构、人员的工作岗位及其职责等 | 4 |
| 3 | 项目三 | ERP 沙盘模拟运营规则和流程表的介绍 | 规则构成以及企业流程运营思路、现金预算表、资产负债表等 | 8 |
| 4 | 项目四 | 第一轮企业模拟运营（一） | ERP 沙盘系统介绍、基础参数设置、系统登录、流程操作、第一、第二年企业模拟运营 | 8 |
| 5 | 项目五 | 第一轮企业模拟运营（二） | 第三、第四年企业模拟运营、竞拍会设置以及竞拍会开放 | 8 |
| 6 | 项目六 | 第一轮企业模拟运营（三） | 第五、第六年企业模拟运营，竞拍会设置以及竞拍会开放、企业综合竞争力排名以及企业管理运营方案分析与总结 | 8 |
| 7 | 项目七 | 第二轮企业模拟运营（一） | 市场预测走势分析、产品研发层次、第一、第二年企业模拟运营 | 6 |
| 8 | 项目八 | 第二轮企业模拟运营（二） | 第三、第四年企业模拟运营、竞拍会设置以及竞拍会开放 | 6 |

续表

| 序　号 | 项目名称 | 子项目名称 | 项目内容 | 学时 |
| --- | --- | --- | --- | --- |
| 9 | 项目九 | 第二轮企业模拟运营（三） | 第五、第六年企业模拟运营，竞拍会设置以及竞拍会开放、企业综合竞争力排名以及企业管理运营方案分析、各小组 CEO 进行总结 | 10 |
| 合　计 | | | | 60 |

## 二、教学内容的实施

本课程所有学习情境都设计了学习情境表，学习情境表的内容包括：项目目标、项目任务、教师知识与能力要求、学生知识与能力准备、教学材料、使用工具，并按照实际工作过程给出了参考实施步骤。具体内容如表 1-2 至表 1-10 所示。

表 1-2　　ERP 沙盘基础知识——学习情境

| 学习情境 1： | ERP 沙盘基础知识 | | 学时：2 |
| --- | --- | --- | --- |
| 项目目标 | 了解 ERP 沙盘的发展阶段及趋势，了解 ERP 沙盘信息化管理系统的结构 | | |
| 项目任务 | 完成本项目基础理论理解 | | |
| 教师知识与能力要求 | 熟悉本项目理论的设计，熟悉课堂讲授方法 | | |
| 学生知识与能力准备 | 具备问题分析能力、课本使用能力、会计基础知识 | | |
| 教学资料 | 课程任务书、教学材料、课件 | | |
| 使用工具 | 多媒体教学一体机、ERP 沙盘软件等 | | |
| 实施步骤 | 教学过程 | 教学方法建议 | 学　时 |
| 1. 教学材料 | 教师介绍 ERP 沙盘发展历史，学生讨论提问，教师解答学生提出的问题 | 讲授法 | 2 |

表 1-3　　ERP 沙盘的实施和管理——学习情境

| 学习情境 2： | ERP 沙盘的实施和管理　　学时：4 |
| --- | --- |
| 项目目标 | 了解生产制造业组织机构，以及软件的选择和运行。掌握不同角色工作岗位及其职责 |
| 项目任务 | 完成本项目教学内容 |
| 教师知识与能力要求 | 熟悉本课程的设计，熟悉讲授方法，熟悉多媒体使用方法 |
| 学生知识与能力准备 | 具备独立自主分析能力、管理学基础知识 |
| 教学资料 | 本课程内容任务书、教学材料、课件 |
| 使用工具 | 多媒体教学一体机、ERP 沙盘软件等 |

续表

| 实施步骤 | 教学过程 | 教学方法建议 | 学时 |
|---|---|---|---|
| 1. 教学材料 | 教师下发本课程内容任务书，教师解答学生提出的问题 | 讲授法<br>演示法 | 1 |
| 2. 分析与讨论 | ERP 沙盘企业分小组，竞选 CEO 来组建本企业的领导小组，然后讨论制定模拟企业工作规划、建立模拟企业组织机构、人员的工作岗位及其职责等 | 讨论法<br>交互检查法<br>教师讲评法 | 2 |
| 3. 实施 | 学生完成项目要求功能 | 小组工作法 | 1 |
| 4. 检查与评估 | 通过分组演示和介绍，由教师和其他组打分 | 讨论法<br>小组演示法 | |

表 1-4 ERP 沙盘模拟运营规则和流程表的介绍——学习情境

| 学习情境 3: | ERP 沙盘模拟运营规则和流程表的介绍 | | 学时：8 |
|---|---|---|---|
| 项目目标 | 了解 ERP 沙盘模拟运营规则、掌握现金预算表等表格计算 | | |
| 项目任务 | 完成本项目内容的教学 | | |
| 教师知识与能力要求 | 熟悉本课程的设计，熟悉教学方法，熟悉运营表格计算方法 | | |
| 学生知识与能力准备 | 具备独立自主分析能力、教材使用能力、会计税法基础知识 | | |
| 教学资料 | 本项目内容任务书、教学材料、课件 | | |
| 使用工具 | 多媒体教学一体机、ERP 沙盘软件等 | | |
| 实施步骤 | 教学过程 | 教学方法建议 | 学时 |
| 1. 教学材料 | 教师下发本项目内容任务书，表格下发以及流程讨论 | 讲授法<br>讨论法 | 1 |
| 2. 分析与讨论 | 厂房、生产线、市场开拓、ISO 资格认证、产品研发、企业融资、订单抢购等讲解，现金预算表、综合费用表、利润表、资产负债表等联系介绍与讲解 | 讲授法<br>交互检查法<br>教师讲评法 | 6 |
| 3. 实施 | 学生完成项目要求功能 | 小组工作法 | 1 |
| 4. 检查与评估 | 学生检查完成项目是否符合要求，并对完成项目过程进行评估，通过分组演示和介绍，由教师和其他组打分 | 交互检查法<br>讨论法<br>小组演示法 | |

表 1-5 第一轮企业模拟运营（一）——学习情境

| 学习情境 4: | 第一轮企业模拟运营（一） | 学时：8 |
|---|---|---|
| 项目目标 | 了解软件的使用环境，掌握登录和操作，掌握系统管理及基础设置 | |
| 项目任务 | 完成系统熟悉、第一、第二年操作 | |
| 教师知识与能力要求 | 熟悉本课程的设计，熟悉教学方法，熟悉 ERP 软件使用方法 | |
| 学生知识与能力准备 | 具备独立分析能力、教材使用能力、会计税法基础知识 | |

续表

| 学习情境 4： | 第一轮企业模拟运营（一） | | 学时：8 |
|---|---|---|---|
| 教学资料 | 本课程教学内容任务书、教学材料、课件 | | |
| 使用工具 | 多媒体教学网、ERP 沙盘软件等 | | |
| 实施步骤 | 教学过程 | 教学方法建议 | 学时 |
| 1. 教学材料 | 教师下发本项目教学任务书，学生通过各种方式了解项目任务，教师解答学生提出的问题 | 讲授法<br>演示法 | 1 |
| 2. 分析与讨论 | ERP 沙盘系统介绍，基础参数设置，系统登录，流程操作，现金预算表、综合费用表、利润表以及资产负债表核对检查，第一、第二年企业模拟运营 | 讨论法<br>交互检查法<br>教师讲评法 | 6 |
| 3. 实施 | 学生完成项目要求功能 | 小组工作法 | 1 |
| 4. 检查与评估 | 学生检查完成项目是否符合要求，并对完成项目过程进行评估，通过分组演示和介绍 | 交互检查法<br>讨论法<br>小组演示法 | |

**表 1-6　第一轮企业模拟运营（二）——学习情境**

| 学习情境 5： | 第一轮企业模拟运营（二） | | 学时：8 |
|---|---|---|---|
| 项目目标 | 熟悉生产制造业运营管理、掌握竞拍会分析 | | |
| 项目任务 | 完成企业第三、第四年操作 | | |
| 教师知识与能力要求 | 熟悉本课程的设计，熟悉教学方法，熟悉多媒体使用方法 | | |
| 学生知识与能力准备 | 具备独立分析能力、教材使用能力、会计税法基础知识 | | |
| 教学资料 | 本课程教学内容任务书、教学材料、课件 | | |
| 使用工具 | 多媒体教学网、ERP 沙盘软件等 | | |
| 实施步骤 | 教学过程 | 教学方法建议 | 学时 |
| 1. 教学材料 | 教师下发本项目教学任务书，教师解答学生提出的问题，竞拍会讲解 | 讲授法<br>演示法 | 1 |
| 2. 分析与讨论 | 小组讨论制定总体设计和制作方案。通过教师检查和各组评议确定方案是否可行及提出改进办法，通过改正直到方案可行。小组讨论，确定详细方案，现金预算表、综合费用表、利润表以及资产负债表核对检查，第三、第四年企业模拟运营 | 讲授法<br>讨论法<br>交互检查法<br>教师讲评法 | 6 |
| 3. 实施 | 学生完成项目要求功能 | 小组工作法 | 1 |
| 4. 检查与评估 | 学生检查完成项目是否符合要求，并对完成项目过程进行评估，通过分组演示和介绍，由教师和其他组打分 | 交互检查法<br>讨论法<br>小组演示法 | |

表 1-7 第一轮企业模拟运营（三）——学习情境

| 学习情境 6： | 第一轮企业模拟运营（三） | | 学时：6 |
|---|---|---|---|
| 项目目标 | 熟悉生产制造业运营管理、掌握市场产品分布分析 | | |
| 项目任务 | 完成企业第五、第六年操作，第一轮运营总结分析 | | |
| 教师知识与能力要求 | 熟悉本课程的设计，熟悉教学方法，熟悉多媒体使用方法 | | |
| 学生知识与能力准备 | 具备独立分析能力、教材使用能力、会计税法基础知识 | | |
| 教学资料 | 本课程教学内容任务书、教学材料、课件 | | |
| 使用工具 | 多媒体教学网、ERP 沙盘软件等 | | |
| 实施步骤 | 教学过程 | 教学方法建议 | 学时 |
| 1. 教学材料 | 教师下发本项目教学任务书，教师解答学生提出的问题，竞拍会再次讲解 | 讲授法<br>演示法 | 1 |
| 2. 分析与讨论 | 小组讨论制定总体设计和制作方案。通过教师检查和各组评议确定方案是否可行及提出改进办法，通过改正直到方案可行。小组讨论，确定详细方案，现金预算表、综合费用表、利润表以及资产负债表核对检查，第五、第六年企业模拟运营，企业综合竞争力排名以及企业管理运营方案分析 | 讨论法<br>交互检查法<br>教师讲评法 | 4 |
| 3. 实施 | 学生完成项目要求功能 | 小组工作法 | 1 |
| 4. 检查与评估 | 学生检查完成项目是否符合要求，并对完成项目过程进行评估，通过分组演示和介绍，由教师和其他组打分 | 交互检查法<br>讨论法<br>小组演示法 | |

表 1-8 第二轮企业模拟运营（一）——学习情境

| 学习情境 7： | 第二轮企业模拟运营（一） | | 学时：6 |
|---|---|---|---|
| 项目目标 | 熟悉软件的使用，掌握登录和操作，掌握系统管理及基础设置，加深对企业运营的流程 | | |
| 项目任务 | 完成第一、第二年操作 | | |
| 教师知识与能力要求 | 熟悉本课程的设计，熟悉教学方法，熟悉多媒体使用方法 | | |
| 学生知识与能力准备 | 具备独立分析能力、教材使用能力、会计税法基础知识 | | |
| 教学资料 | 本课程教学内容任务书、教学材料、课件 | | |
| 使用工具 | 多媒体教学网、ERP 沙盘软件等 | | |
| 实施步骤 | 教学过程 | 教学方法建议 | 学时 |
| 1. 教学材料 | 教师下发本项目教学任务书，学生通过第二轮实训加深项目理解，教师解答学生提出的问题 | 讲授法<br>演示法 | 1 |
| 2. 分析与讨论 | 小组讨论制定总体设计和制作方案。通过教师检查和各组评议确定方案是否可行及提出改进办法，通过改正直到方案可行。小组讨论，确定详细方案，现金预算表、综合费用表、利润表以及资产负债表核对检查，第一、第二年企业模拟运营 | 讨论法<br>交互检查法<br>教师讲评法 | 4 |

续表

| 实施步骤 | 教学过程 | 教学方法建议 | 学时 |
|---|---|---|---|
| 3. 实施 | 学生完成项目要求功能 | 小组工作法 | 1 |
| 4. 检查与评估 | 学生检查完成项目是否符合要求，并对完成项目过程进行评估，通过分组演示和介绍，由教师和其他组打分 | 交互检查法<br>讨论法<br>小组演示法 | |

表 1-9 第二轮企业模拟运营（二）——学习情境

| 学习情境 8： | 第二轮企业模拟运营（二） | | 学时：6 |
|---|---|---|---|
| 项目目标 | 掌握生产制造业运营管理、掌握竞拍会 | | |
| 项目任务 | 完成第三、第四年操作 | | |
| 教师知识与能力要求 | 熟悉本课程的设计，熟悉教学方法，熟悉多媒体使用方法 | | |
| 学生知识与能力准备 | 具备独立分析能力、教材使用能力、会计税法基础知识 | | |
| 教学资料 | 本课程教学内容任务书、教学材料、课件 | | |
| 使用工具 | 多媒体教学网、ERP 沙盘软件等 | | |
| 实施步骤 | 教学过程 | 教学方法建议 | 学时 |
| 1. 教学材料 | 教师下发本项目教学任务书，学生通过第二轮实训加深项目理解，教师解答学生提出的问题 | 讲授法<br>演示法 | 1 |
| 2. 分析与讨论 | 小组讨论制定总体设计和制作方案。通过教师检查和各组评议确定方案是否可行及提出改进办法，通过改正直到方案可行。小组讨论，确定详细方案，现金预算表、综合费用表、利润表以及资产负债表核对检查，第三、第四年企业模拟运营 | 讨论法<br>交互检查法<br>教师讲评法 | 4 |
| 3. 实施 | 学生完成项目要求功能 | 小组工作法 | 1 |
| 4. 检查与评估 | 学生检查完成项目是否符合要求，并对完成项目过程进行评估，通过分组演示和介绍，由教师和其他组打分 | 交互检查法<br>讨论法<br>小组演示法 | |

表 1-10 第二轮企业模拟运营（三）——学习情境

| 学习情境 9： | 第二轮企业模拟运营（三） | 学时：10 |
|---|---|---|
| 项目目标 | 掌握生产制造业运营管理、掌握市场产品分布分析 | |
| 项目任务 | 完成企业第五、第六年操作以及实训总结 | |
| 教师知识与能力要求 | 熟悉本课程的设计，熟悉教学方法，熟悉多媒体使用方法 | |
| 学生知识与能力准备 | 具备独立分析能力、教材使用能力、会计税法基础知识 | |
| 教学资料 | 本课程教学内容任务书、教学材料、课件 | |
| 使用工具 | 多媒体教学网、ERP 沙盘软件等 | |

续表

| 实施步骤 | 教学过程 | 教学方法建议 | 学时 |
|---|---|---|---|
| 1. 教学材料 | 教师下发本项目教学任务书，教师解答学生提出的问题，竞拍会再次讲解 | 讲授法<br>演示法 | 1 |
| 2. 分析与讨论 | 小组讨论制定总体设计和制作方案。通过教师检查和各组评议确定方案是否可行及提出改进办法，通过改正直到方案可行。小组讨论，确定详细方案，现金预算表、综合费用表、利润表以及资产负债表核对检查，第五、第六年企业模拟运营，企业综合竞争力排名以及企业管理运营方案分析 | 讨论法<br>交互检查法<br>教师讲评法 | 6 |
| 3. 实施 | 各小组 CEO 进行总结 | 小组工作法 | 1 |
| 4. 检查与评估 | 学生检查完成项目是否符合要求，并对完成项目过程进行评估，写实训感悟体会 | 交互检查法<br>讨论法<br>总结概括法 | 2 |

**注意事项：**在实训课程过程中，每年每个小组的现金预算表、综合费用表，利润表和资产负债表都要填制完整而且要求正确无误。

# 项目二

# “创业者”电子沙盘

## 任务一 “创业者”电子沙盘规则解析

### 一、“创业者”电子沙盘基本规则

表 2-1 至表 2-8 分别列示了有关的生产线基本规则、生产线折旧规则、厂房规则、融资规则、市场准入规则、市场资格认证规则、产品规则、原材料规则。

表 2-1 生产线基本规则

| 类 型 | 购置费 | 安装周期 | 生产周期 | 总转产费 | 转产周期 | 维修费 | 折旧时间 | 残 值 | 分 值 |
|---|---|---|---|---|---|---|---|---|---|
| 手工线 | 5W | 0 | 2Q | 0W | 0 | 1W | 5 年 | 1W | 0 分 |
| 租赁线 | 0W | 0 | 1Q | 2W | 1Q | 6W | 无 | –8W | 0 分 |
| 自动线 | 15W | 3Q | 1Q | 2W | 1Q | 2W | 5 年 | 3W | 8 分 |
| 柔性线 | 20W | 4Q | 1Q | 0W | 0 | 2W | 5 年 | 4W | 10 分 |

**注意事项：**

（1）安装周期为 0，表示即买即用。

（2）计算投资总额时，若安装周期为 0，则按 1 计算。

（3）不论何时出售生产线，价格为残值，净值与残值之差计入损失。

（4）只有空生产线方可转产。

（5）当年建成生产线需要交维修费。

（6）购买、租赁生产线每季度都可以，租赁生产线退租残值是–8，直接扣除企业现金，计入综合费用表损失项目内，不再扣除维修费。

表 2-2　　生产线折旧规则　　金额单位：W

| 类　型 | 购置费 | 残　值 | 建成第一年 | 建成第二年 | 建成第三年 | 建成第四年 | 建成第五年 |
|---|---|---|---|---|---|---|---|
| 手工线 | 5 | 1 | 0 | 1 | 1 | 1 | 1 |
| 自动线 | 15 | 3 | 0 | 3 | 3 | 3 | 3 |
| 柔性线 | 20 | 4 | 0 | 4 | 4 | 4 | 4 |

**注意事项：**

（1）折旧（平均年限法）：建成当年不提折旧。

（2）当净值等于残值时生产线不再计提折旧，但可以继续使用。

表 2-3　　厂房规则　　金额单位：W

| 厂　房 | 买　价 | 租　金 | 售　价 | 容量（条） | 分　值 | |
|---|---|---|---|---|---|---|
| 大厂房 | 40 | 5 | 40 | 4 | 10 分 | 厂房出售得到 4 个账期的应收款，紧急情况下可厂房贴现（4 季贴现），直接得到现金，如厂房中有生产线，同时要扣租金 |
| 中厂房 | 30 | 4 | 30 | 3 | 8 分 | |
| 小厂房 | 18 | 2 | 18 | 2 | 7 分 | |

**注意事项：**

（1）每季均可租或买，租满一年的厂房在满年的季度（如第二季租的，则在以后各年第二季为满年，可进行处理），需要用“厂房处理”进行“租转买”、“退租”（当厂房中没有任何生产线时）等处理，如果未加处理，则原来租用的厂房在满年季末自动续租；厂房不计提折旧；生产线不允许在不同厂房间移动。

（2）厂房使用可以任意组合，但总数不能超过四个；如租四个小厂房，或买四个大厂房，或租一个大厂房买三个中厂房。

表 2-4　　融资规则

| 贷款类型 | 贷款时间 | 贷款额度 | 年　息 | 还款方式 |
|---|---|---|---|---|
| 长期贷款 | 每年年初 | 所有长贷和短贷之和不能超过上年权益的 3 倍 | 10% | 年初付息，到期还本；每次贷款额不小于 10 的整数 |
| 短期贷款 | 每季度初 | | 5% | 到期一次还本付息；每次贷款额不小于 10 的整数 |
| 资金贴现 | 任何时间 | 视应收款额 | 10%（1 季度，2 季度）<br>12.5%（3 季度，4 季度） | 变现时贴息，各账期独立贴现 |
| 库存拍卖 | 原材料八折，成品按成本价 | | | |

**注意事项：**

（1）长贷利息计算：所有不同年份长贷加总再乘以利率，然后四舍五入算利息。

（2）短贷利息计算：按每笔短贷分别计算，然后四舍五入计算利息。

表 2-5　　市场准入规则　　金额单位：W

| 市　场 | 开发费 | 时间（年） | 分　值 | |
|---|---|---|---|---|
| 本地 | 1 | 1 | 7分 | 开发费用按开发时间在年末平均支付，不允许加速投资，但可中断投资。市场开发完成后，领取相应的市场准入证 |
| 区域 | 1 | 1 | 7分 | |
| 国内 | 1 | 2 | 8分 | |
| 亚洲 | 1 | 3 | 9分 | |
| 国际 | 1 | 4 | 10分 | |

表 2-6　　市场资格认证规则

| 认　证 | ISO 9000 | ISO 14000 | 分　值 | |
|---|---|---|---|---|
| 时间 | 2年 | 2年 | 8分 | 开发费用按开发时间在年末平均支付，不允许加速投资，但可中断投资。ISO 开发完成后，领取相应的认证 |
| 费用 | 1W/年 | 2W/年 | 10分 | |

**注意事项：**

（1）开发费用在年末支付，不允许加速投资，但可以中断投资。

（2）开发完成后，领取相应的资格证。

（3）无须交维护费，中途停止使用，也可继续拥有资格并在以后年份使用。

表 2-7　　产品规则　　金额单位：W

| 名　称 | 研发费用 | 研发周期 | 加工费 | 直接成本 | 产品组成 | 分　值 |
|---|---|---|---|---|---|---|
| P1 | 1 | 2Q | 1 | 2 | R1 | 7分 |
| P2 | 1 | 3Q | 1 | 3 | R2+R3 | 8分 |
| P3 | 1 | 4Q | 1 | 4 | R1+R3+R4 | 9分 |
| P4 | 2 | 5Q | 1 | 5 | R2+R3+2R4 | 10分 |

**注意事项：**

（1）开发费用在季末支付，不允许加速投资，但可以中断投资。

表 2-8　　原材料规则　　金额单位：W

| 名　称 | 购买价格 | 提前期（季度） |
|---|---|---|
| R1 | 1 | 1 |
| R2 | 1 | 1 |
| R3 | 1 | 2 |
| R4 | 1 | 2 |

**注意事项：**

（1）原材料订购不付款。

（2）原材料到货时必须现金支付货款，不允许赊账。

## 二、特别事项解析

### （一）紧急采购

（1）付款即到货，原材料价格为直接成本的 2 倍，成品价格为直接成本的 3 倍。

（2）紧急采购原材料和产品时，直接扣除现金。上报报表时，成本仍然按照标准成本记录，紧急采购多付出的成本计入费用表的损失项。

### （二）选单规则

投 1W 广告有一次选单机会，每增加 2W 多一次机会，广告投放可以为 2W、3W。

#### 1. 选单顺序

（1）以本市场、本产品广告额投放大小顺序依次选单。

（2）如果两队本市场本产品广告额相同，则看本市场所有产品广告投放总额。

（3）如果本市场所有产品广告投放总额也相同，则看上年本市场销售排名。

（4）如仍无法决定，先投广告者先选单，依据系统时间决定。

（5）第一年无订单。

#### 2. 开单顺序

（1）选单时，两个市场同时开单，各队需要同时关注两个市场的选单进展。

（2）当其中一个市场先结束，则第三个市场立即开单，即任何时候会有两个市场同开，直到最后只剩下一个市场选单未结束。

（3）市场开放顺序分别为（本地+区域）、国内、亚洲、国际。

（4）各市场内产品按 P1、P2、P3、P4 顺序独立放单。

（5）选单时各队需要点击相应“市场”按钮，一个市场选单结束，系统不会自动跳到新开放的市场。

**【例 2-1】**假设有本地、地区、国内、亚洲 4 个市场进行选单

首先，本地和区域市场同时开单，当本地市场选单结束，则国内市场立即开单，此时区域、国内二市场保持同开，当区域结束选单后，则亚洲市场立即放单，即国内、亚洲二市场同开。直至选单结束。

**提请注意**

（1）出现确认框要在倒计时大于 10 秒时按下确认按钮，否则可能造成选单无效。

（2）在某细分市场（如本地、P1）有多次选单机会，只要放弃一次，则视同放弃该细分市场所有选单机会。

### （三）竞单会（系统一次同时放 3 张订单同时竞，并显示所有订单）

参与竞标的订单标明了订单编号、市场、产品、数量、ISO 要求等，而总价、交货期、账期三项为空。竞标订单的相关要求说明如下：

竞拍会的单子，价格、交货期、账期都是根据各个队伍的情况自己填写选择的，系统默认的总价是成本价，交货期为 1 期交货，账期为 4 账期，如需修改则要手工修改。

**1. 投标资质**

参与投标的公司需要有相应市场、ISO 认证的资质，但不必有生产资格。中标的公司需为该单支付 1W 中标服务费，在竞标会结束后一次性扣除，计入广告费里面。

（如果已竞得单数+本次同时竞单数）×1 >现金余额，则不能再竞。即必须有一定现金库存作为保证金。如同时竞 3 张订单，库存现金 5W，已经竞得 3 张订单，扣除了 3W 标书费，还剩余 2W 库存现金，则不能继续参与竞单，因为万一再竞得 3 张，2W 库存现金不足以支付标书费 3W。

为防止恶意竞单，对竞得单张数进行限制，如果［某队已竞得单张数>ROUND（3×该年竞单总张数/参赛队数）]，则不能继续竞单。

**提请注意：**

（1）ROUND 表示四舍五入。

（2）如上式为等于，可以继续参与竞单。

（3）参赛队数指经营中的队伍，若破产继续经营也算在其内，破产退出经营则不算其内。

如某年竞单，共有 40 张，20 队（含破产继续经营）参与竞单，当一队已经得到 7 张单，因为 7>ROUND（3× 40/20），所以不能继续竞单；但如果已经竞得 6 张，可以继续参与。

**2. 投标**

参与投标的公司须根据所投标的订单，在系统规定时间（90 秒，以倒计时秒形式显示）填写总价、交货期、账期三项内容，确认后由系统按照：

得分=100+（5−交货期）×2+应收账期−8×总价/（该产品直接成本×数量）

以得分最高者中标。如果计算分数相同，则先提交者中标。

**提请注意：**

（1）总价不能低于（可以等于）成本价，也不能高于（可以等于）成本价的三倍。

（2）必须为竞单留足时间，如在倒计时小于等于 10 秒再提交，可能无效。

（3）竞得订单与选中订单一样，算市场销售额。

（4）竞单时不允许紧急采购，不允许市场间谍。

（5）破产队不可以参与投标竞单。

**3. 竞拍界面（供参考）**

（1）点击要参与竞拍的订单，设置竞价，填写竞拍总价（在价格范围内的整数），选择交货期和账期如图 2-1、图 2-2 所示。

竞单会进行中！

AA02参加第3年竞单会，当前回合剩余竞单时间为85秒

| ID | 订单编号 | 市场 | 产品 | 数量 | ISO | 状态 | 得单用户 | 总金额 | 交货期 | 账期 |
|---|---|---|---|---|---|---|---|---|---|---|
| 1 | J001 | 本地 | P1 | 3 | 9K | 设置 | - | - | - | - |
| 2 | J002 | 本地 | P1 | 3 | 9K | 设置 | - | - | - | - |
| 3 | J003 | 本地 | P2 | 3 | 14K | 设置 | - | - | - | - |
| 4 | J004 | 区域 | P2 | 4 | - | 等待 | - | - | - | - |
| 5 | J005 | 区域 | P2 | 2 | - | 等待 | - | - | - | - |
| 6 | J006 | 区域 | P2 | 4 | - | 等待 | - | - | - | - |
| 7 | J007 | 国内 | P2 | 5 | 9K 14K | 等待 | - | - | - | - |
| 8 | J008 | 国内 | P2 | 5 | - | 等待 | - | - | - | - |
| 9 | J009 | 国内 | P2 | 5 | - | 等待 | - | - | - | - |
| 10 | J010 | 本地 | P3 | 6 | 9K 14K | 等待 | - | - | - | - |
| 11 | J011 | 本地 | P3 | 3 | 9K | 等待 | - | - | - | - |
| 12 | J012 | 本地 | P3 | 6 | 9K 14K | 等待 | - | - | - | - |

图 2-1　竞拍界面示意图

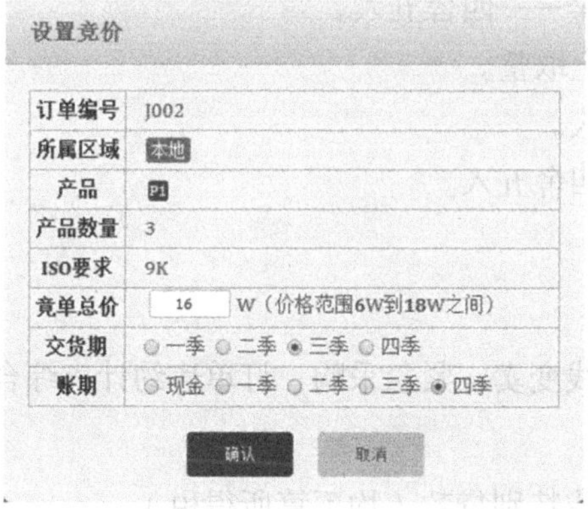
设置竞价

| | |
|---|---|
| 订单编号 | J002 |
| 所属区域 | 本地 |
| 产品 | P1 |
| 产品数量 | 3 |
| ISO要求 | 9K |
| 竞单总价 | 16 W（价格范围6W到18W之间） |
| 交货期 | 一季　二季　三季　四季 |
| 账期 | 现金　一季　二季　三季　四季 |

确认　取消

图 2-2　设置竞价示意图

（2）竞拍结果显示，如图 2-3 所示。

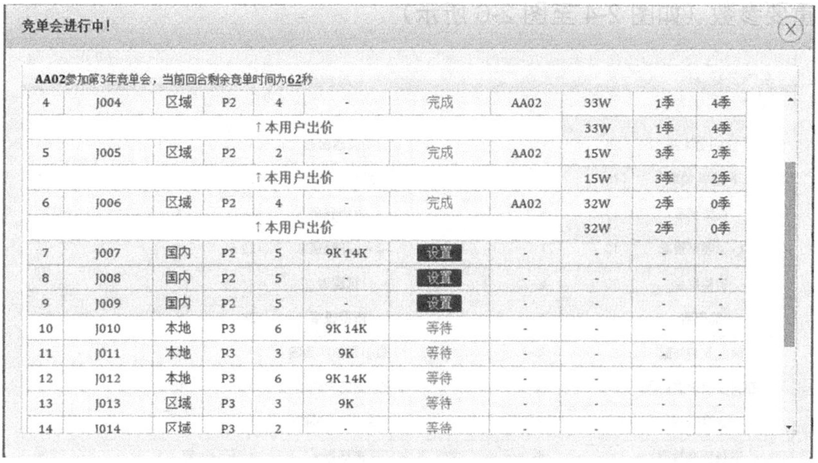
竞单会进行中！

AA02参加第3年竞单会，当前回合剩余竞单时间为62秒

| | | | | | | | | | | |
|---|---|---|---|---|---|---|---|---|---|---|
| 4 | J004 | 区域 | P2 | 4 | - | 完成 | AA02 | 33W | 1季 | 4季 |
| ↑本用户出价 | | | | | | | | 33W | 1季 | 4季 |
| 5 | J005 | 区域 | P2 | 2 | - | 完成 | AA02 | 15W | 3季 | 2季 |
| ↑本用户出价 | | | | | | | | 15W | 3季 | 2季 |
| 6 | J006 | 区域 | P2 | 4 | - | 完成 | AA02 | 32W | 2季 | 0季 |
| ↑本用户出价 | | | | | | | | 32W | 2季 | 0季 |
| 7 | J007 | 国内 | P2 | 5 | 9K 14K | 设置 | - | - | - | - |
| 8 | J008 | 国内 | P2 | 5 | - | 设置 | - | - | - | - |
| 9 | J009 | 国内 | P2 | 5 | - | 设置 | - | - | - | - |
| 10 | J010 | 本地 | P3 | 6 | 9K 14K | 等待 | - | - | - | - |
| 11 | J011 | 本地 | P3 | 3 | 9K | 等待 | - | - | - | - |
| 12 | J012 | 本地 | P3 | 6 | 9K 14K | 等待 | - | - | - | - |
| 13 | J013 | 区域 | P3 | 3 | 9K | 等待 | - | - | - | - |
| 14 | J014 | 区域 | P3 | 2 | - | 等待 | - | - | - | - |

图 2-3　竞拍结果示意图

### （四）订单规则

**1. 交货**

订单必须在规定季交货，可以提前交货，但不可推后，推后即违约。

**2. 应收账款**

应收账期从交货季开始算起，应收款收回由系统自动完成，不需要各队填写收回金额。

**3. 违约**

在订单规定交货季度未交货，系统收回订单，同时按照订单销售金额的20%罚款。罚款在当年结束时现金扣除。罚款计入损失。

### （五）取整规则（均精确或舍到个位整数）

（1）违约金扣除——四舍五入（每张单分开算）。

（2）库存拍卖所得现金——四舍五入。

（3）贴现费用——向上取整。

（4）扣税——四舍五入。

（5）长短贷利息——四舍五入。

### （六）特殊费用项目

**1. 损失**

库存折价拍卖、生产线变卖、紧急采购、订单违约计入综合费用其他损失中。

**2. 融资**

增减资计入股东资本或特别贷款（均不算所得税）。

**提请注意：**

增资只适用于破产队。

### （七）重要参数（如图 2-4 至图 2-6 所示）

系统参数

| | | | | | |
|---|---|---|---|---|---|
| 违约金比例 | 20 | % | 贷款额倍数 | 3 | 倍 |
| 产品折价率 | 100 | % | 原料折价率 | 80 | % |
| 长贷利率 | 10 | % | 短贷利率 | 5 | % |
| 1，2期贴现率 | 10 | % | 3，4期贴现率 | 12.5 | % |
| 初始现金 | 60 | W | 管理费 | 1 | W |
| 信息费 | 1 | W | 所得税率 | 25 | % |
| 最大长贷年限 | 5 | 年 | 最小得单广告额 | 1 | W |
| 原料紧急采购倍数 | 2 | 倍 | 产品紧急采购倍数 | 3 | 倍 |
| 选单时间 | 50 | 秒 | 首位选单补时 | 25 | 秒 |
| 市场同开数量 | 2 | 个 | 市场老大 | ◉ 无 ○ 有 | |
| 竞单时间 | 90 | 秒 | 竞单同竞数 | 3 | 个 |

图 2-4　系统参数示意图

（1）每市场每产品选单时第一个队选单时间为 75 秒，自第二个队起，选单时间设为 50 秒。

（2）信息费 1W/次/队，即交 1W 可以查看一队企业信息，交费企业以 Excel 表格形式获得被间谍企业详细信息。（可看到的信息框架结构如附件 Excel 表所示）

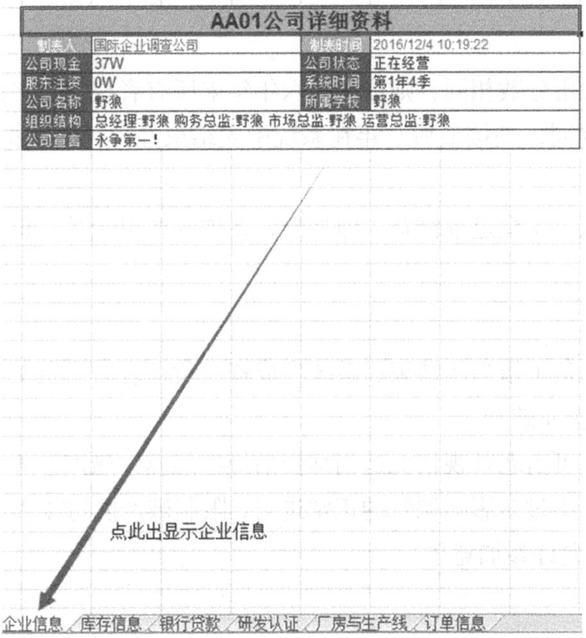

AA01公司详细资料

| 制表人 | 国际企业调查公司 | 制表时间 | 2016/12/4 10:19:22 |
|---|---|---|---|
| 公司现金 | 37W | 公司状态 | 正在经营 |
| 股东注资 | 0W | 系统时间 | 第1年4季 |
| 公司名称 | 野狼 | 所属学校 | 野狼 |
| 组织结构 | 总经理:野狼 购务总监:野狼 市场总监:野狼 运营总监:野狼 | | |
| 公司宣言 | 永争第一！ | | |



图 2-5　被间谍企业详细信息示意图（1）

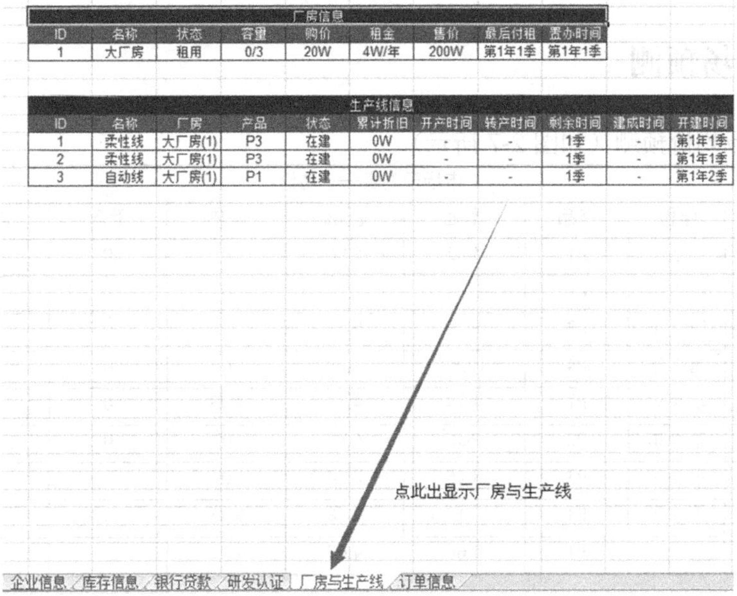

厂房信息

| ID | 名称 | 状态 | 容量 | 购价 | 租金 | 售价 | 最后付租 | 置办时间 |
|---|---|---|---|---|---|---|---|---|
| 1 | 大厂房 | 租用 | 0/3 | 20W | 4W/年 | 200W | 第1年1季 | 第1年1季 |

生产线信息

| ID | 名称 | 厂房 | 产品 | 状态 | 累计折旧 | 开产时间 | 转产时间 | 剩余时间 | 建成时间 | 开建时间 |
|---|---|---|---|---|---|---|---|---|---|---|
| 1 | 柔性线 | 大厂房(1) | P3 | 在建 | 0W | - | - | 1季 | - | 第1年1季 |
| 2 | 柔性线 | 大厂房(1) | P3 | 在建 | 0W | - | - | 1季 | - | 第1年1季 |
| 3 | 自动线 | 大厂房(1) | P1 | 在建 | 0W | - | - | 1季 | - | 第1年2季 |



图 2-6　被间谍企业详细信息示意图（2）

### （八）竞赛排名

完成预先规定的经营年限，将根据各队的最后分数进行评分，分数高者为优胜。

总成绩=所有者权益×（1+企业综合发展潜力/100）–罚分

综合发展潜力=生产线分值+厂房分值（购买）+市场研发+ISO 资格认证+产品研发

**提请注意：**

（1）如有多支队伍分数相同，则按照第六年年末所有者权益排名高者在前，若第六年年末所有者权益仍相同，则按最后一年在系统中先结束经营（而非指在系统中填制报表）者排名靠前。

（2）生产线建成（需交过维修费）即加分，无须生产出产品，也无须有在制品。手工线、租赁线不加分。

### （九）破产处理

当参赛队权益为负（指当年结束、系统生成资产负债表时为负）或现金断流时（权益和现金可以为零），企业破产。

参赛队破产后，可由老师视情况适当增资后继续经营。破产队不参加有效排名。

为了确保破产队不过多影响课堂的正常进行，限制破产队每年用于广告投放的费用总和不能超过 6W。不允许参加竞单。

# 任务二 创业者电子沙盘市场分析

## 一、市场预测

### （一）市场均价预测（如图 2-7 所示）

| 市场预测表——均价 | | | | | | | |
|---|---|---|---|---|---|---|---|
| 序号 | 年份 | 产品 | 本地 | 区域 | 国内 | 亚洲 | 国际 |
| 1 | 第 2 年 | P1 | 5.02 | 5.06 | 0 | 0 | 0 |
| 2 | 第 2 年 | P2 | 7.03 | 7.26 | 0 | 0 | 0 |
| 3 | 第 2 年 | P3 | 8.59 | 8.52 | 0 | 0 | 0 |
| 4 | 第 2 年 | P4 | 10.82 | 10.7 | 0 | 0 | 0 |
| 5 | 第 3 年 | P1 | 4.78 | 4.75 | 4.73 | 0 | 0 |
| 6 | 第 3 年 | P2 | 6.8 | 6.83 | 0 | 0 | 0 |
| 7 | 第 3 年 | P3 | 8.46 | 8.74 | 0 | 0 | 0 |
| 8 | 第 3 年 | P4 | 0 | 9.78 | 9.78 | 0 | 0 |
| 9 | 第 4 年 | P1 | 4.66 | 4.67 | 4.72 | 0 | 0 |

图 2-7 市场均价预测图

| | | | | | | | |
|---|---|---|---|---|---|---|---|
| 10 | 第 4 年 | P2 | 6.51 | 0 | 0 | 6.47 | 0 |
| 11 | 第 4 年 | P3 | 9.12 | 8.92 | 0 | 8.7 | 0 |
| 12 | 第 4 年 | P4 | 9.69 | 9.97 | 9.92 | 0 | 0 |
| 13 | 第 5 年 | P1 | 5.48 | 0 | 4.6 | 0 | 4.66 |
| 14 | 第 5 年 | P2 | 6.49 | 6.59 | 6.58 | 6.89 | 0 |
| 15 | 第 5 年 | P3 | 0 | 7.75 | 0 | 8.37 | 8.39 |
| 16 | 第 5 年 | P4 | 8.77 | 8.93 | 0 | 9.21 | 0 |
| 17 | 第 6 年 | P1 | 5.45 | 5.47 | 0 | 0 | 5.57 |
| 18 | 第 6 年 | P2 | 7.4 | 0 | 7.38 | 0 | 7.3 |
| 19 | 第 6 年 | P3 | 8.37 | 8.37 | 0 | 8.74 | 0 |
| 20 | 第 6 年 | P4 | 0 | 9.27 | 10 | 0 | 9.58 |

图 2-7　市场均价预测图（续）

## （二）市场需求量预测（如图 2-8 所示）

| 市场预测表——需求量 | | | | | | | |
|---|---|---|---|---|---|---|---|
| 序号 | 年份 | 产品 | 本地 | 区域 | 国内 | 亚洲 | 国际 |
| 1 | 第 2 年 | P1 | 44 | 32 | 0 | 0 | 0 |
| 2 | 第 2 年 | P2 | 29 | 39 | 0 | 0 | 0 |
| 3 | 第 2 年 | P3 | 29 | 21 | 0 | 0 | 0 |
| 4 | 第 2 年 | P4 | 17 | 20 | 0 | 0 | 0 |
| 5 | 第 3 年 | P1 | 45 | 36 | 37 | 0 | 0 |
| 6 | 第 3 年 | P2 | 35 | 36 | 0 | 0 | 0 |
| 7 | 第 3 年 | P3 | 37 | 34 | 0 | 0 | 0 |
| 8 | 第 3 年 | P4 | 0 | 32 | 27 | 0 | 0 |
| 9 | 第 4 年 | P1 | 50 | 46 | 36 | 0 | 0 |
| 10 | 第 4 年 | P2 | 49 | 0 | 0 | 43 | 0 |
| 11 | 第 4 年 | P3 | 33 | 36 | 0 | 33 | 0 |
| 12 | 第 4 年 | P4 | 35 | 34 | 38 | 0 | 0 |
| 13 | 第 5 年 | P1 | 50 | 0 | 52 | 0 | 44 |
| 14 | 第 5 年 | P2 | 41 | 34 | 38 | 37 | 0 |
| 15 | 第 5 年 | P3 | 0 | 48 | 0 | 41 | 31 |
| 16 | 第 5 年 | P4 | 44 | 43 | 0 | 42 | 0 |
| 17 | 第 6 年 | P1 | 55 | 49 | 0 | 0 | 54 |
| 18 | 第 6 年 | P2 | 40 | 0 | 40 | 0 | 47 |
| 19 | 第 6 年 | P3 | 46 | 43 | 0 | 43 | 0 |
| 20 | 第 6 年 | P4 | 0 | 40 | 43 | 0 | 36 |

图 2-8　市场需求量预测图

### （三）市场订单数预测（如图 2-9 所示）

| 市场预测表——订单数量 | | | | | | | |
|---|---|---|---|---|---|---|---|
| 序号 | 年份 | 产品 | 本地 | 区域 | 国内 | 亚洲 | 国际 |
| 1 | 第 2 年 | P1 | 13 | 11 | 0 | 0 | 0 |
| 2 | 第 2 年 | P2 | 11 | 13 | 0 | 0 | 0 |
| 3 | 第 2 年 | P3 | 11 | 8 | 0 | 0 | 0 |
| 4 | 第 2 年 | P4 | 8 | 8 | 0 | 0 | 0 |
| 5 | 第 3 年 | P1 | 13 | 11 | 12 | 0 | 0 |
| 6 | 第 3 年 | P2 | 11 | 11 | 0 | 0 | 0 |
| 7 | 第 3 年 | P3 | 12 | 11 | 0 | 0 | 0 |
| 8 | 第 3 年 | P4 | 0 | 10 | 10 | 0 | 0 |
| 9 | 第 4 年 | P1 | 14 | 12 | 11 | 0 | 0 |
| 10 | 第 4 年 | P2 | 15 | 0 | 0 | 12 | 0 |
| 11 | 第 4 年 | P3 | 10 | 11 | 0 | 10 | 0 |
| 12 | 第 4 年 | P4 | 11 | 11 | 11 | 0 | 0 |
| 13 | 第 5 年 | P1 | 13 | 0 | 14 | 0 | 12 |
| 14 | 第 5 年 | P2 | 11 | 10 | 11 | 10 | 0 |
| 15 | 第 5 年 | P3 | 0 | 13 | 0 | 11 | 9 |
| 16 | 第 5 年 | P4 | 12 | 12 | 0 | 11 | 0 |
| 17 | 第 6 年 | P1 | 14 | 12 | 0 | 0 | 12 |
| 18 | 第 6 年 | P2 | 11 | 0 | 11 | 0 | 12 |
| 19 | 第 6 年 | P3 | 12 | 9 | 0 | 12 | 0 |
| 20 | 第 6 年 | P4 | 0 | 10 | 11 | 0 | 9 |

图 2-9 市场订单数预测图

## 二、市场预测分析

### （一）毛利（如图 2-10 所示）

| 市场预测表——净价 | | | | | | | |
|---|---|---|---|---|---|---|---|
| 序号 | 年份 | 产品 | 本地 | 区域 | 国内 | 亚洲 | 国际 |
| 1 | 第 2 年 | P1 | 3.02 | 3.06 | | | |
| 2 | 第 2 年 | P2 | 4.03 | 4.26 | | | |
| 3 | 第 2 年 | P3 | 4.59 | 4.52 | | | |
| 4 | 第 2 年 | P4 | 5.82 | 5.7 | | | |
| 6 | 第 3 年 | P1 | 2.78 | 2.75 | 2.73 | | |
| 7 | 第 3 年 | P2 | 3.8 | 3.83 | | | |
| 8 | 第 3 年 | P3 | 4.46 | 4.74 | | | |
| 9 | 第 3 年 | P4 | | 4.78 | 4.78 | | |

图 2-10 市场预测表——净价

| | | | | | | | |
|---|---|---|---|---|---|---|---|
| 11 | 第 4 年 | P1 | 2.66 | 2.67 | 2.72 | | |
| 12 | 第 4 年 | P2 | 3.51 | | | 3.47 | |
| 13 | 第 4 年 | P3 | 5.12 | 4.92 | | 4.7 | |
| 14 | 第 4 年 | P4 | 4.69 | 4.97 | 4.92 | | |
| 16 | 第 5 年 | P1 | 3.48 | | 2.6 | | 2.66 |
| 17 | 第 5 年 | P2 | 3.49 | 3.59 | 3.58 | 3.89 | |
| 18 | 第 5 年 | P3 | | 3.75 | | 4.37 | 4.39 |
| 19 | 第 5 年 | P4 | 3.77 | 3.93 | | 4.21 | |
| 21 | 第 6 年 | P1 | 3.45 | 3.47 | | | 3.57 |
| 22 | 第 6 年 | P2 | 4.4 | | 4.38 | | 4.3 |
| 23 | 第 6 年 | P3 | 4.37 | 4.37 | | 4.74 | |
| 24 | 第 6 年 | P4 | | 4.27 | 5 | | 4.58 |

图 2-10 市场预测表——净价（续）

## （二）每个队伍均量（如图 2-11 所示）

每组可分配产量

| 产品 | 本地 | 区域 | 国内 | 亚洲 | 国际 | 单产品 | | 年分配数量 |
|---|---|---|---|---|---|---|---|---|
| P1 | 44 | 32 | | | | 4.8 | 1 | 破产组 |
| P2 | 29 | 39 | | | | 4.3 | 1 | |
| P3 | 29 | 21 | | | | 3.1 | 1 | |
| P4 | 17 | 20 | | | | 2.3 | 1 | |
| | | | | | | | | 14 |
| P1 | 45 | 36 | 37 | | | 7.4 | 1 | 破产组 |
| P2 | 35 | 36 | | | | 4.4 | 1 | |
| P3 | 37 | 34 | | | | 4.4 | 1 | |
| P4 | | 32 | 27 | | | 3.7 | 1 | |
| | | | | | | | | 20 |
| P1 | 50 | 46 | 36 | | | 8.3 | 1 | 破产组 |
| P2 | 49 | | | 43 | | 5.8 | 1 | |
| P3 | 33 | 36 | | 33 | | 6.4 | 1 | |
| P4 | 35 | 34 | 38 | | | 6.7 | 1 | |
| | | | | | | | | 27 |
| P1 | 50 | | 52 | | 44 | 9.1 | 1 | 破产组 |
| P2 | 41 | 34 | 38 | 37 | | 9.4 | 1 | |
| P3 | | 48 | | 41 | 31 | 7.5 | 1 | |
| P4 | 44 | 43 | | 42 | | 8.1 | 1 | |
| | | | | | | | | 34 |
| P1 | 55 | 49 | | | 54 | 9.9 | 1 | 破产组 |

图 2-11 每组可分配产量

| | | | | | | | | |
|---|---|---|---|---|---|---|---|---|
| P2 | 40 | | 40 | | 47 | 7.9 | 1 | |
| P3 | 46 | 43 | | 43 | | 8.3 | 1 | |
| P4 | | 40 | 43 | | 36 | 7.4 | 1 | |
| | | | | | | | | 34 |

图 2-11　每组可分配产量（续）

市场每组总需求走势（如图 2-12 所示）。

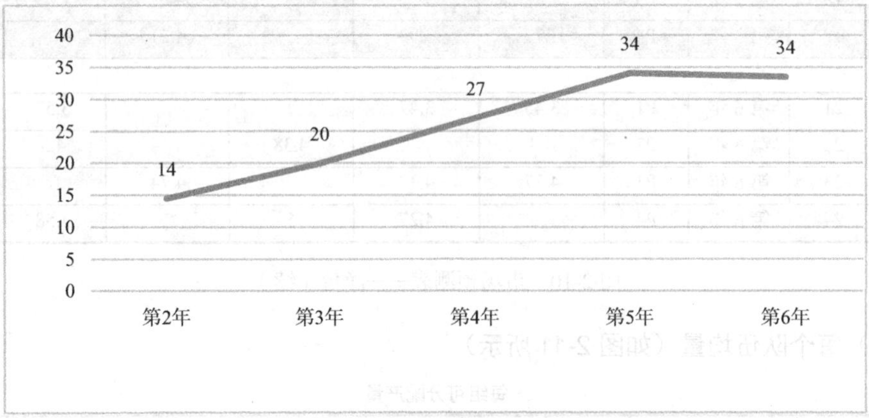


图 2-12　每组总需求走势图

## （三）产品总体加权平均利润走势（如图 2-13 所示）

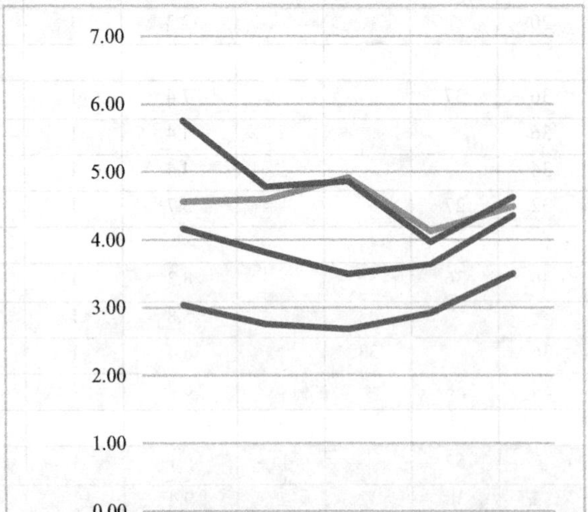


| | 2 | 3 | 4 | 5 | 6 |
|---|---|---|---|---|---|
| P1 | 3.04 | 2.76 | 2.68 | 2.92 | 3.50 |
| P2 | 4.16 | 3.82 | 3.49 | 3.63 | 4.36 |
| P3 | 4.56 | 4.59 | 4.91 | 4.13 | 4.49 |
| P4 | 5.76 | 4.78 | 4.86 | 3.97 | 4.63 |

图 2-13　产品总体加权平均利润走势图

# 任务三 “创业者”电子沙盘运营流程

## 一、创建模拟企业

### （一）组建高效的团队

在沙盘对抗实训中，将所有的学员分成若干个团队。团队就是指由少数有互补技能、愿意为了共同的目的、业绩目标和方法而相互承担责任的人们组成的群体。而在每个团队中，各学员分别担任重要职位，包括 CEO、财务总监、营销总监、生产总监和采购总监等职位。在经营过程中，团队的合作是必不可少的。要想打造一支高效的团队，应注意以下几点：

第一，有明确的共同目标。团队必须共同发展，并且要共同完成一个目标，这个目标可以使团队的成员向相同的方向努力，能够激发每个团队成员的积极性，并且使队员行动一致。团队要将总体的目标分解为具体的、可度量的、可行的行动目标。这些具体的目标和总体目标要紧密结合，并且要根据情况随时进行相应的修正。例如团队确立了自己六年发展的总目标，还要分解到每一年和每一季度具体如何运营。

第二，确保团队成员互补的能力。团队必须要发展一个完善的能力组合，例如担任财务总监的成员就要比较细心，对财务的相关知识有一定的了解，而担任 CEO 职务的人就应该具备比较强的协调能力和组织能力等。

第三，有一位团队型领导。在经营过程中需要做出各种决策，这就需要 CEO 能够统领全局，协调各部门之间的关系，充分调动起每个学员的积极性，还要能够作出正确的决策。要成为一个高效、统一的团队，团队领导就必须学会在缺乏足够的信息和统一意见的情况下及时做出决定，果断的决策机制往往是以牺牲民主和不同意见为代价而获得的。对于团队领导而言，最难做到的莫过于避免被团队内部虚伪的和谐气氛所误导，并采取种种措施，努力引导和鼓励适当的、有建设性的良性冲突。将被掩盖的问题和不同意见摆到桌面上，通过讨论和合理决策将其加以解决，否则的话，将对企业的发展造成巨大的影响。

第四，履行好各自的责任。各学员应该按照自己的职位职责进行经营活动，而且应该把自己的工作做好。例如采购总监就应该负责原材料的采购，如果出现差错，直接会影响到以后的生产，而生产的产品数量又影响到交单的情况。所以一个小环节的疏漏，可能会导致满盘皆输。

此外，作为团队中的一员，首先要尊重别人。法国哲学家罗西法古曾说过：“如果你要得到仇人，就表现得比你的朋友优越；如果你要得到朋友，就要让你的朋友表现得比你优越。”当我们让朋友表现得比我们还优越时，他们就会有一种被肯定的感觉；但是当我们表现得比他们还优越时，他们就会产生一种自卑感，甚至对我们产生敌视情绪。因为谁都在自觉不自觉地强烈维护着自己的形象和尊严，因此我们要给予对方充分的尊重。其次要能够接受批评，从批评中寻找积极成分。如果团队成员对你的错误大加抨击，即使带有强烈的感情色彩，也不要与之争论不休，而是从积极方面来理解他的抨击。这样，不但对你改正错误有帮助，也避免了语言敌对场面的出现。最后要善于交流，同在一个团队，我们与其他团队成员之间会存在某些差异，知识、能力、经历造成我们在对待和处理问题时，会产生不同的想法。交流是协调的开始，把自己的想法说出来，听对方的想法，我们要经常说这样一句话："你看这事该怎么办，我想听听你的看法。"总之，作为一名员工应该以自己的思想感情、学识修养、道德品质、处世态度、举止风度，做到坦诚而不轻率，谨慎而不拘泥，活泼而不轻浮，豪爽而不粗俗，一定可以和其他团队成员融洽相处，提高自己团队作战的能力。

**（二）职能定位**

在模拟企业中主要设置五个基本职能部门（可根据学员人数适当调整），其主要职责如表 2-9 所示。

各组学员可以根据自己的专长选择不同的职能部门，当人数较多时，可设置各助理职位，如财务助理等。确定好职能后，应按表 2-9 所示重新落座。

表 2-9　　各职位职责明细表

| CEO | 财务总监 CFO | 营销总监 CSO | 生产总监 | 采购总监 |
|---|---|---|---|---|
| 制定发展战略 | 日常财务记账和登账 | 市场调查分析 | 产品研发管理 | 编制采购计划 |
| 竞争格局分析 | 向税务部门报税 | 市场进入策略 | 管理体系认证 | 供应商谈判 |
| 经营指标确定 | 提供财务报表 | 品种发展策略 | 固定资产投资 | 签订采购合同 |
| 业务策略制定 | 日常现金管理 | 广告宣传策略 | 编制生产计划 | 监控采购过程 |
| 全面预算管理 | 企业融资策略制定 | 制定销售计划 | 平衡生产能力 | 仓储管理 |
| 管理团队协同 | 成本费用控制 | 争取订单与谈判 | 生产车间管理 | 采购支付抉择 |
| 企业绩效分析 | 资金调度与风险管理 | 按时交货 | 成品库存管理 | 与财务部协调 |
| 管理授权与总结 | 财务分析与协助决策 | 销售绩效分析 | 产品外协管理 | 与生产部协同 |

## 二、设定模拟企业目标和建立企业文化

**（一）公司命名**

在公司成立之后，每个小组要召开第一次员工大会，大会由 CEO 主持。在这次会议中要为自己组建的公司命名。公司名称对一个企业将来的发展而言至关重要，因为公司名称不仅关系到企业在行业内的影响力，还关系到企业所经营的产品投放市场后，消费者对本企业的认可度；品牌命名或公司名称符合行业特点、有深层次的文化底蕴，又是广大消费者熟知的、再也找不到第二名称时，企业的竞争力就明显地区别于行业内的其他企业，

为打造知名品牌奠定了基础。因此，各小组要集思广益，为自己的企业起一个响亮的名字。

### （二）确定企业使命

企业使命英文表示为 MISSION，在企业远景的基础之上，具体地定义企业在全社会经济领域中所经营的活动范围和层次，具体地表述企业在社会经济活动中的身份或角色。它包括的内容为企业的经营哲学、企业的宗旨和企业的形象。在第一次员工大会上，学员还要集体讨论确定企业的宗旨和企业形象等问题。

### （三）CEO 就职演讲

小组讨论结束后，由 CEO 代表自己的公司进行就职演讲，阐述一下自己公司使命与目标等，为下一步具体经营管理企业打下良好的基础。

## 三、模拟企业运营实录（含创业者电子沙盘操作过程）

### （一）创业者实际运营流程

创业者实际运营流程表格，以 AA01 组为例进行前三年操作说明。

**1. 第一年经营表格（如表 2-10 至表 2-13 所示）**

表 2-10　　第一年现金预算表

| | 1 | 2 | 3 | 4 |
|---|---|---|---|---|
| 年初库存现金 | 60 | | | |
| 支付上年应交税 | | | | |
| 市场广告投入 | | | | |
| 支付长贷利息 | | | | |
| 申请长期贷款 | | | | |
| 季初盘点 | 60 | 42 | 19 | 26 |
| 短期贷款还本付息 | | | | |
| 申请短期贷款 | | | 29 | 29 |
| 原材料入库 | | | | |
| 购买、租用厂房 | 5 | | | |
| 生产线投资 | 10 | 20 | 20 | 20 |
| 转产费用 | | | | |
| 开始下一批生产 | | | | |
| 应收款前余额 | 45 | 22 | 28 | 35 |
| 应收款到期 | | | | |
| 产品研发投资 | 2 | 2 | 1 | 1 |
| 购买、租用厂房（续租） | | | | |

续表

| | 1 | 2 | 3 | 4 |
|---|---|---|---|---|
| 支付管理费用 | 1 | 1 | 1 | 1 |
| 市场开拓投资 | | | | 5 |
| ISO 资格投资 | | | | 3 |
| 支付设备维护费 | | | | |
| 库存现金余额 | 42 | 19 | 26 | 25 |

**第一年　用户名：AA01**

表 2-11　综合费用表

| 项　目 | 金　额 |
|---|---|
| 管理费 | 4 |
| 广告费 | |
| 设备维护费 | |
| 损失 | |
| 转产费 | |
| 厂房租金 | 5 |
| 新市场开拓 | 5 |
| ISO 资格认证 | 3 |
| 产品研发 | 6 |
| 信息费 | |
| 合　计 | 23 |

表 2-12　利润表

| 项　目 | 金　额 |
|---|---|
| 销售收入 | |
| 直接成本 | |
| 毛利 | |
| 综合费用 | 23 |
| 折旧前利润 | –23 |
| 折旧 | |
| 支付利息前利润 | –23 |
| 财务费用 | |
| 税前利润 | –23 |
| 所得税 | |
| 年度净利润 | –23 |

表 2-13　资产负债表

| 项　目 | 金　额 | 项　目 | 金　额 |
|---|---|---|---|
| 现金 | 25 | 长期负债 | |
| 应收款 | | 短期负债 | 58 |
| 在制品 | | 应交所得税 | |
| 产成品 | | — | — |
| 原材料 | | — | — |
| 流动资产合计 | 25 | 负债合计 | 58 |
| 厂房 | | 股东资本 | 60 |
| 生产线 | | 利润留存 | |

续表

| 项　目 | 金　额 | 项　目 | 金　额 |
|---|---|---|---|
| 在建工程 | 70 | 年度净利 | –23 |
| 固定资产合计 | 70 | 所有者权益合计 | 37 |
| 资产总计 | 95 | 负债和所有者权益总计 | 95 |

注：库存折价销售、生产线变卖、紧急采购、订单违约记入损失；

每年经营结束请将此表交到裁判处核对。

## 2. 第二年经营表格（如表 2-14 至表 2-17 所示）

表 2-14　　第二年现金预算表

| | 1 | 2 | 3 | 4 |
|---|---|---|---|---|
| 年初库存现金 | 25 | | | |
| 支付上年应交税 | | | | |
| 市场广告投入 | 10 | | | |
| 支付长贷利息 | | | | |
| 申请长期贷款 | | | | |
| 季初盘点 | 15 | 26 | 37 | 34 |
| 短期贷款还本付息 | | | 30 | 30 |
| 申请短期贷款 | 29 | 24 | 29 | 29 |
| 原材料入库 | 8 | 8 | 8 | 8 |
| 购买、租用厂房 | | | | |
| 生产线投资 | | | | |
| 转产费用 | | | | |
| 开始下一批生产 | 4 | 4 | 4 | 4 |
| 应收款前余额 | 32 | 38 | 24 | 21 |
| 应收款到期 | | | 11 | 18 |
| 产品研发投资 | | | | |
| 购买、租用厂房（续租） | 5 | | | |
| 支付管理费用 | 1 | 1 | 1 | 1 |
| 市场开拓投资 | | | | 3 |
| ISO 资格投资 | | | | 3 |
| 支付设备维护费 | | | | 8 |
| 库存现金余额 | 26 | 37 | 34 | 24 |

**第二年　　用户名：AA01**

表 2-15　综合费用表

| 项　目 | 金　额 |
|---|---|
| 管理费 | 4 |
| 广告费 | 10 |
| 设备维护费 | 8 |
| 损失 | |
| 转产费 | |
| 厂房租金 | 5 |
| 新市场开拓 | 3 |
| ISO 资格认证 | 3 |
| 产品研发 | |
| 信息费 | |
| 合　计 | **33** |

表 2-16　利润表

| 项　目 | 金　额 |
|---|---|
| 销售收入 | 83 |
| 直接成本 | 36 |
| 毛利 | 47 |
| 综合费用 | 33 |
| 折旧前利润 | 14 |
| 折旧 | |
| 支付利息前利润 | 14 |
| 财务费用 | 2 |
| 税前利润 | 12 |
| 所得税 | |
| **年度净利润** | **12** |

表 2-17　资产负债表

| 项　目 | 金　额 | 项　目 | 金　额 |
|---|---|---|---|
| 现金 | 24 | 长期负债 | |
| 应收款 | 54 | 短期负债 | 111 |
| 在制品 | 12 | 应交所得税 | |
| 产成品 | | — | — |
| 原材料 | | — | — |
| 流动资产合计 | 90 | 负债合计 | 111 |
| 厂房 | | 股东资本 | 60 |
| 生产线 | 70 | 利润留存 | –23 |
| 在建工程 | | 年度净利 | 12 |
| 固定资产合计 | 70 | 所有者权益合计 | 49 |
| 资产总计 | 160 | 负债和所有者权益总计 | 160 |

注：库存折价销售，生产线变卖，紧急采购，订单违约记入损失；

每年经营结束请将此表交到裁判处核对。

### 3. 第三年经营表格（如表 2-18 至表 2-21 所示）

表 2-18　　第三年现金预算表

| | 1 | 2 | 3 | 4 |
|---|---|---|---|---|
| 年初库存现金 | 24 | | | |
| 支付上年应交税 | | | | |
| 市场广告投入 | 16 | | | |
| 支付长贷利息 | | | | |
| 申请长期贷款 | 34 | | | |
| 季初盘点 | 42 | 56 | 65 | 51 |
| 短期贷款还本付息 | 30 | 25 | 30 | 30 |
| 申请短期贷款 | 29 | 26 | 29 | 29 |
| 原材料入库 | 8 | 8 | 8 | 8 |
| 购买、租用厂房 | | | | |
| 生产线投资 | | | | |
| 转产费用 | | | | |
| 开始下一批生产 | 4 | 4 | 4 | 4 |
| 应收款前余额 | 29 | 45 | 52 | 38 |
| 应收款到期 | 33 | 21 | | |
| 产品研发投资 | | | | |
| 购买、租用厂房（续租） | 5 | | | |
| 支付管理费用 | 1 | 1 | 1 | 1 |
| 市场开拓投资 | | | | 2 |
| ISO 资格投资 | | | | |
| 支付设备维护费 | | | | 8 |
| 库存现金余额 | 56 | 65 | 51 | 27 |

**第三年　　用户名：AA01**

表 2-19　　综合费用表

| 项　目 | 金　额 |
|---|---|
| 管理费 | 4 |
| 广告费 | 16 |
| 设备维护费 | 8 |
| 损失 | |

表 2-20　　利润表

| 项　目 | 金　额 |
|---|---|
| 销售收入 | 104 |
| 直接成本 | 48 |
| 毛利 | 56 |
| 综合费用 | 35 |

续表

| 项　目 | 金　额 |
|---|---|
| 转产费 | |
| 厂房租金 | 5 |
| 新市场开拓 | 2 |
| ISO 资格认证 | |
| 产品研发 | |
| 信息费 | |
| **合　计** | **35** |

续表

| 项　目 | 金　额 |
|---|---|
| 折旧前利润 | 21 |
| 折旧 | 14 |
| 支付利息前利润 | 7 |
| 财务费用 | 4 |
| 税前利润 | 3 |
| 所得税 | |
| **年度净利润** | **3** |

表 2-21　　资产负债表

| 项　目 | 金　额 | 项　目 | 金　额 |
|---|---|---|---|
| 现金 | 27 | 长期负债 | 34 |
| 应收款 | 104 | 短期负债 | 113 |
| 在制品 | 12 | 应交所得税 | |
| 产成品 | | —— | — |
| 原材料 | | —— | — |
| **流动资产合计** | 143 | **负债合计** | 147 |
| 厂房 | | 股东资本 | 60 |
| 生产线 | 56 | 利润留存 | –11 |
| 在建工程 | | 年度净利 | 3 |
| **固定资产合计** | 56 | **所有者权益合计** | 52 |
| **资产总计** | 199 | **负债和所有者权益总计** | 199 |

注：库存折价销售，生产线变卖，紧急采购，订单违约记入损失；
每年经营结束请将此表交到裁判处核对。

## （二）创业者电子沙盘操作介绍

### 1. 创业者电子沙盘整体界面介绍（如图 2-14 所示）

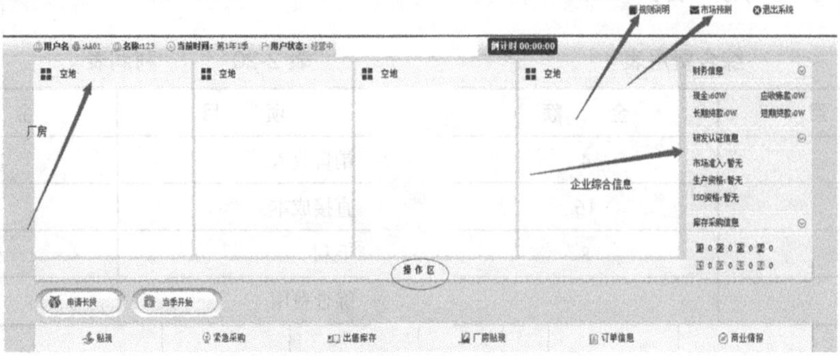


图 2-14　创业者电子沙盘界面

### 2. 申请长期贷款

申请长期贷款只能是在每年年初，点开此项，会显示图 2-15 所示界面，最大贷款额度是可以申请的最高贷款，可以根据企业发展规划选择申请年限，只能是整数年。

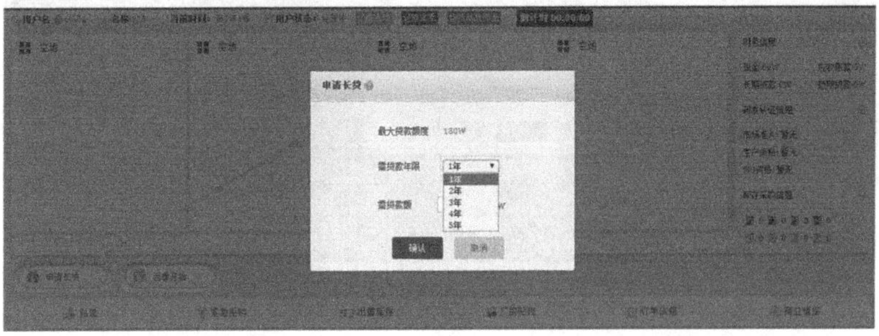


图 2-15　申请长期贷款界面

### 3. 当季开始

点开当季开始，则代表本季度开始运营，才可以进行相应的操作。

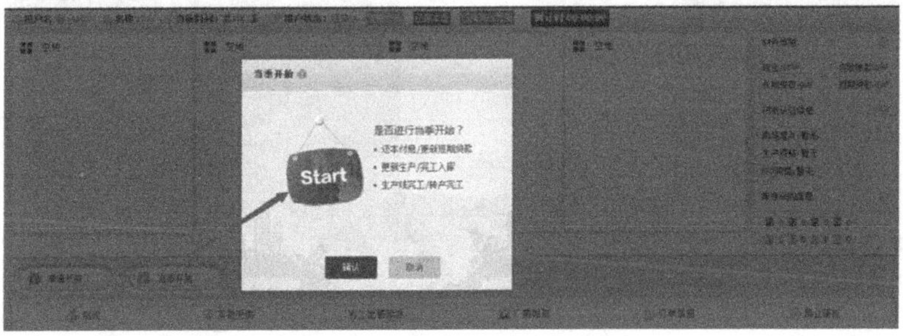


图 2-16　当季开始操作示意图

### 4. 申请短期贷款

每个季度初都可以申请短期贷款（如图 2-17 所示），最大贷款额度表明该季度最大申请短期贷款额度，短期贷款期限系统固定为一年。例如第一年第一季度申请短期贷款，则第二年第一季度初必须还本付息，否则无法往下进行操作。

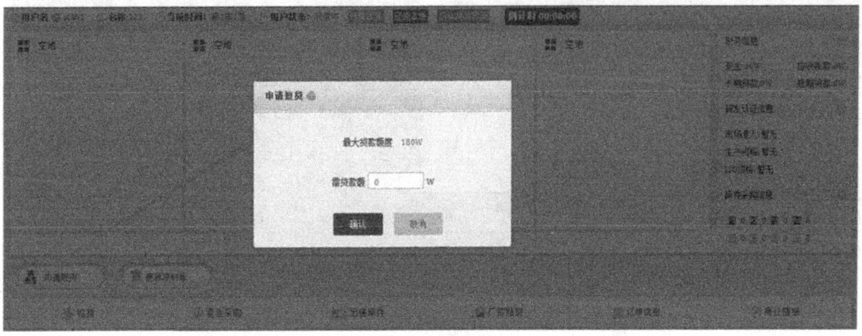


图 2-17　申请短期贷款操作示意图

### 5. 更新、订购原材料

更新原材料，会显示当季原材料入库金额，如图 2-18 所示。

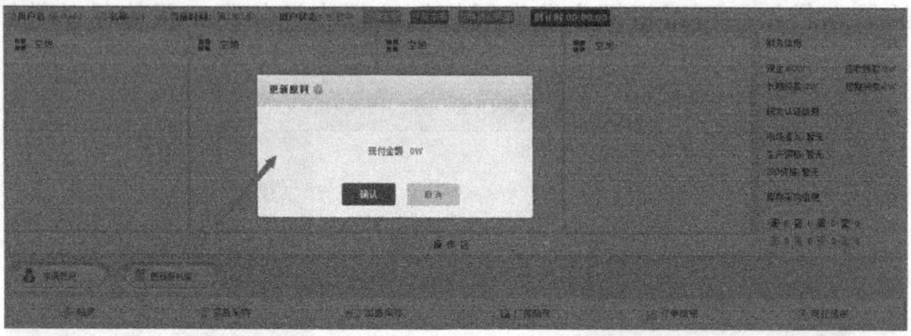


图 2-18　更新原材料操作示意图

订购原材料，原材料需要根据企业经营需要提前订购，点开如图 2-19 所示界面，可以填制原材料订购数量，然后点确定即订购成功。

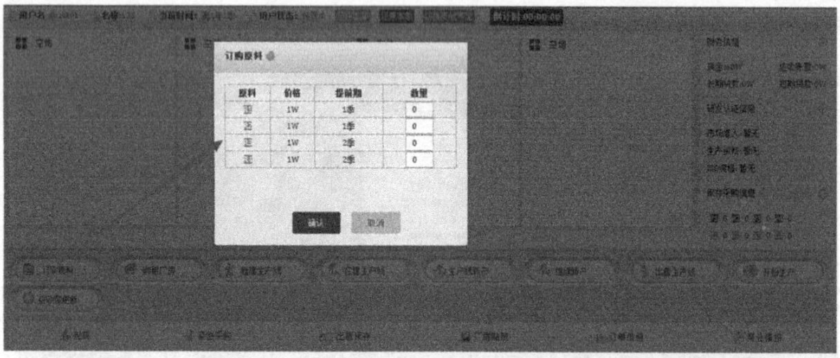


图 2-19　订购原材料操作示意图

### 6. 购买、租用厂房

厂房每季度都可以购买或者是租用，点开如图 2-20 所示界面，可以根据企业需要选择厂房类型（大厂房、中厂房、小厂房），以及订购方式等，因为厂房容量不同即容纳生产线的数量不同。

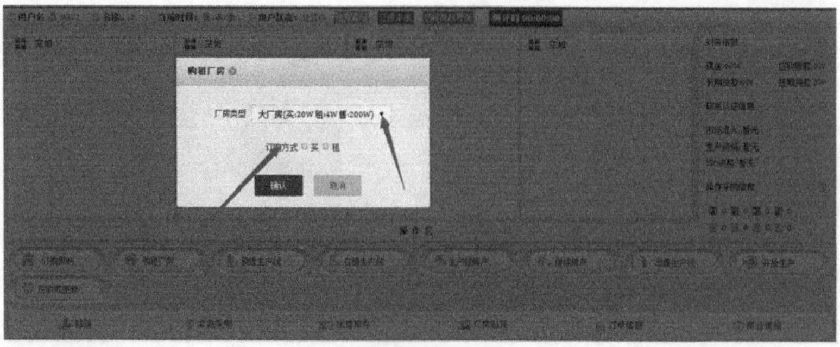


图 2-20　购租厂房操作示意图

### 7. 新建生产线操作及完成状态

厂房订购成功，会在系统界面上显示，然后点开新建生产线（见图 2-21），可以选择生产线安置在哪个厂房，然后选择生产线类型、生产线固定生产什么类型产品。

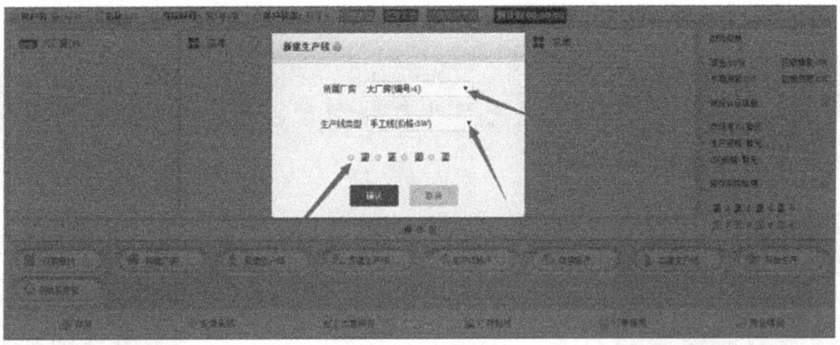

图 2-21　新建生产线操作示意图

生产线点完新建后，如图 2-22 所示，生产线上会显示已经投资几个季度，绿色代表已经投资的季度，灰色代表未投资的季度。

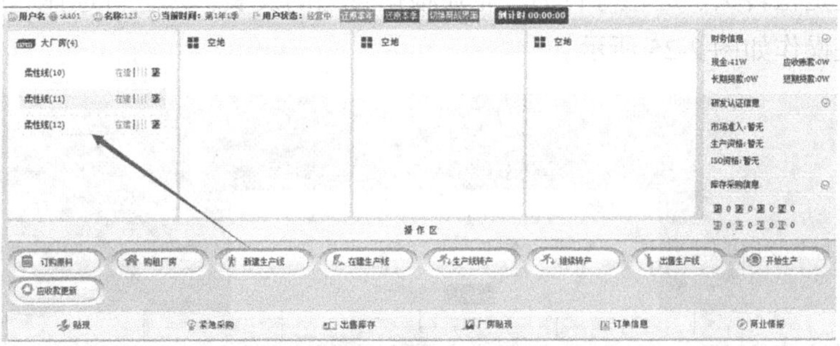


图 2-22　生产线完成状态示意图

### 8. 应收款更新

应收款更新，是一个关闭按钮，点开后如图 2-23 所示，会显示本季度有多少应收款可以进账。更新完，前面的操作项目都不可以再进行操作了，所以一定要在进行此项操作前，与财务信息进行核对。

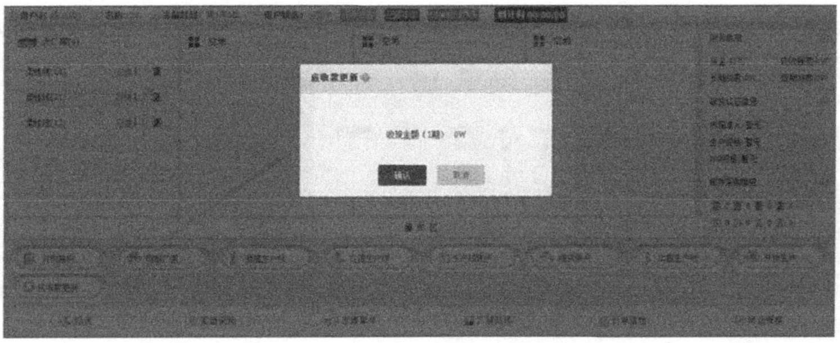

图 2-23　应收款更新操作示意图

### 9. 按订单交货

按订单交货，即企业生产完产品后，要进行手动交单，系统不会自己进行订单交易（见图 2-24）。不按照规定季度交单（只可以提前，但不可推后）则视为违约，需要在年末支付违约金。

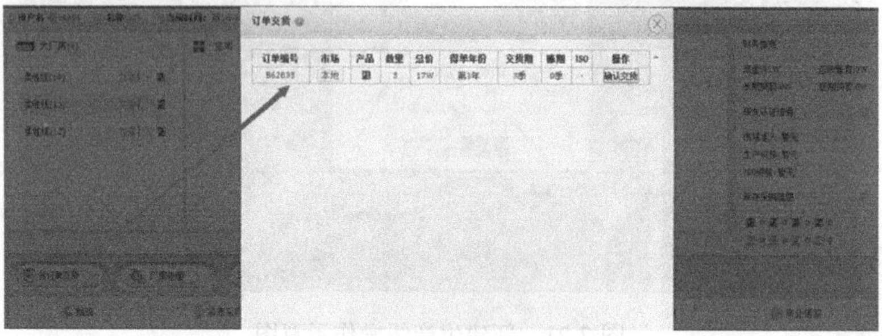

图 2-24　按订单交货操作示意图

### 10. 厂房处理

厂房处理是租转买、退租等行为，企业根据自己的发展，来进行选择厂房的决策。厂房处理的有关操作如图 2-25 所示。

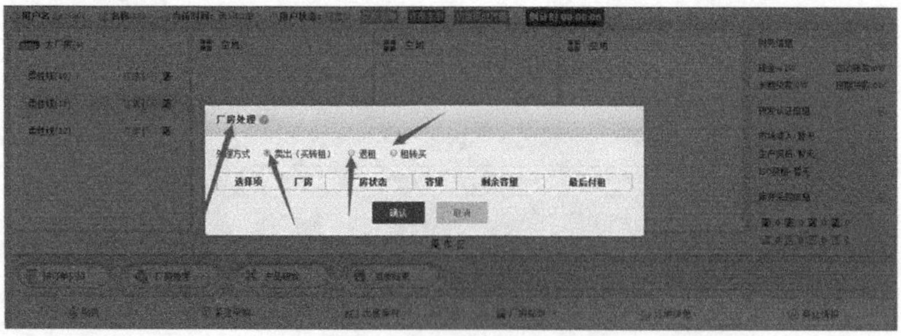

图 2-25　厂房处理操作示意图

### 11. 产品研发

产品研发操作如图 2-26 所示，企业根据营销战略抉择来进行产品研发投资，在相应的产品前的选择项勾选，然后点确定即可。

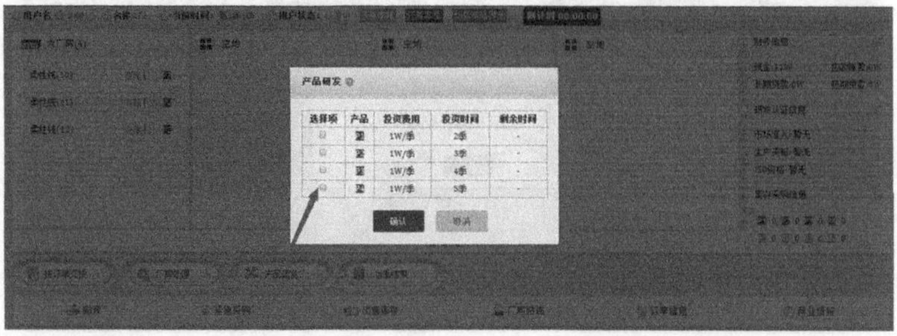

图 2-26　产品研发操作示意图

**12. 当季结束**

当季结束，就是指本季度进行封账处理，其操作如图 2-27 所示，会扣除企业管理费用等。点确定后，则企业会进入下一季度经营初始状态。

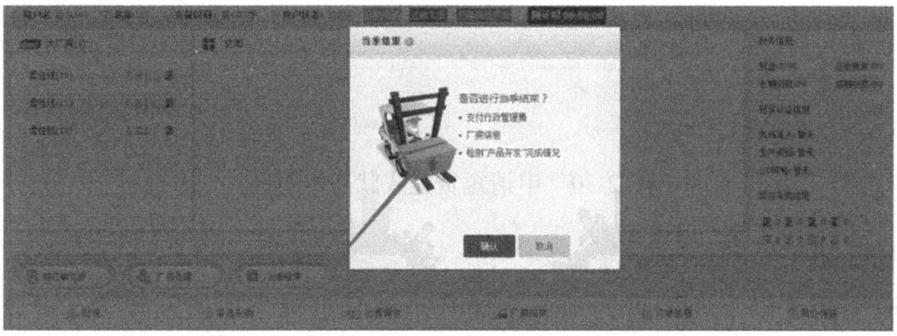


图 2-27　当季结束操作示意图

**13. 在建生产线**

在建生产线，是指未投资完的生产线进行继续投资，点开如图 2-28 所示，在复选框进行勾选，点确定则完成本季度生产线投资活动。

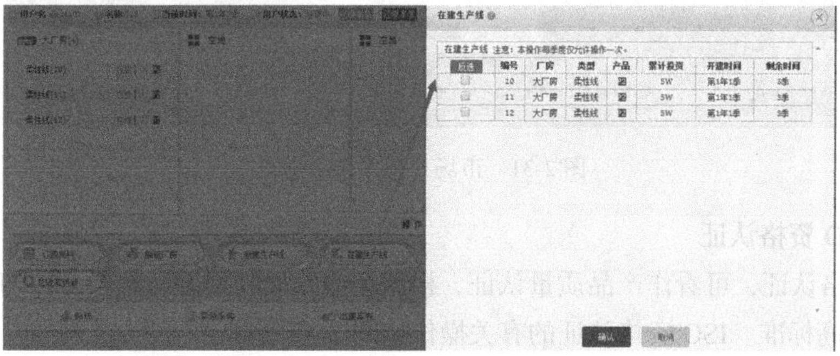


图 2-28　在建生产线操作示意图

**14. 申请短期贷款及完成状态**

申请短期贷款，如图 2-29 所示，如果企业成功申请短期贷款，则在财务信息有关界面的短期贷款项目，会显示申请的额度、申请时间以及还款剩余期限（见图 2-30）。

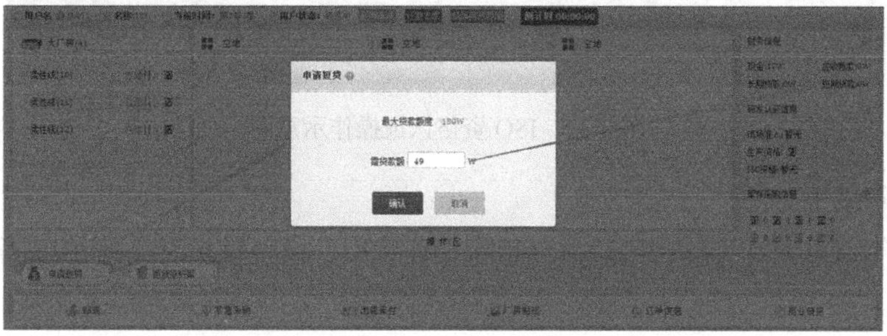


图 2-29　申请短期贷款操作示意图

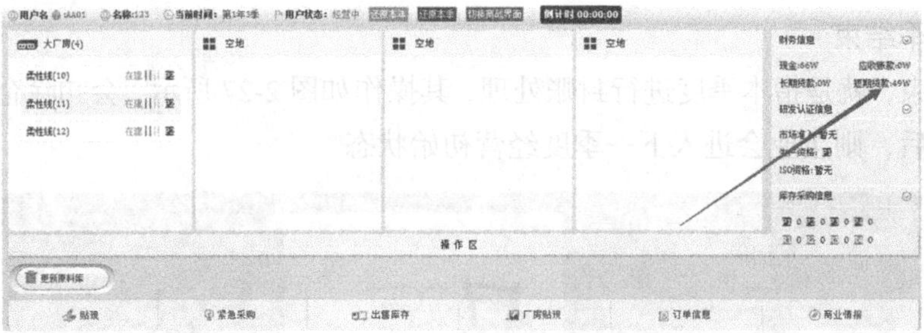

图 2-30　申请短贷完成状态示意图

**15. 市场开拓**

生产制造型企业以市场销售为王，市场开拓就是进行市场研发投资，开发完成后领取相应的市场资格证书，可以准入市场销售产品。市场开拓的有关操作如图 2-31 所示。

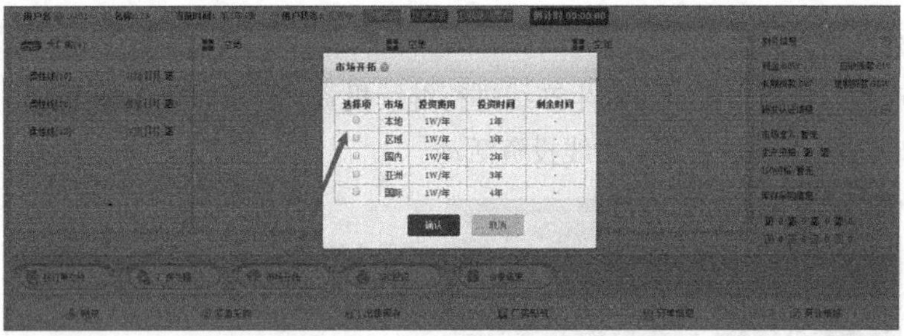

图 2-31　市场开拓操作示意图

**16. ISO 资格认证**

ISO 资格认证，可看作产品质量认证，根据企业发展规划进行选择，一切以客户的订单要求为最高标准。ISO 资格认证的有关操作如图 2-32 所示。

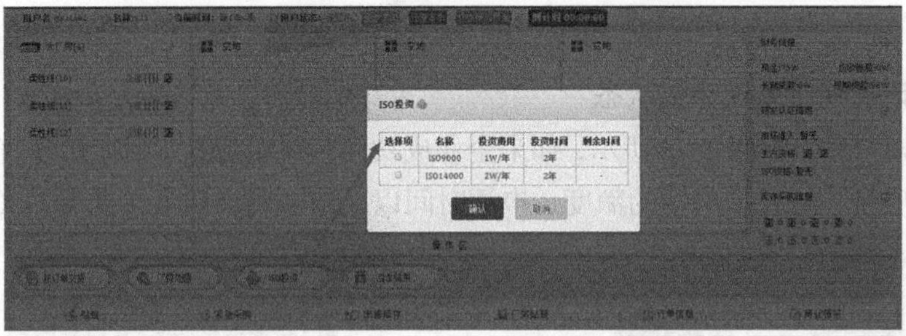

图 2-32　ISO 资格认证操作示意图

**17. 当年结束**

点开当年结束项（见图 2-33），会扣除管理费用、设备维护费、违约金等，即为企业本年度封账。

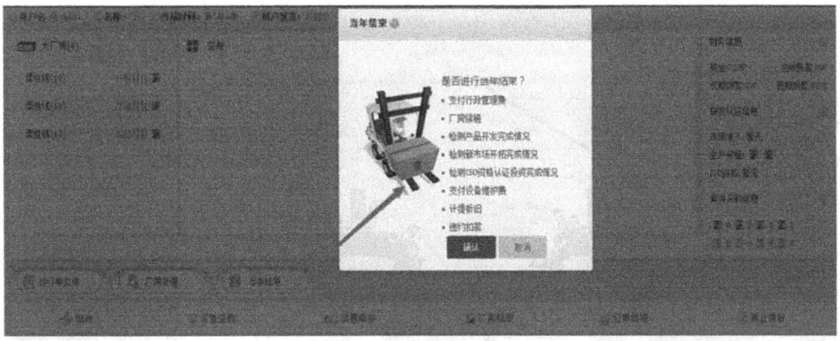

图 2-33　当年结束操作示意图

**18. 填写报表**

填写报表时，所有报表项目必须填写无误。综合费用如图 2-34 所示，通过综合费用表可以得知本年度企业综合费用总额，审查分享费用是否合理，进行节流，提高企业利润。

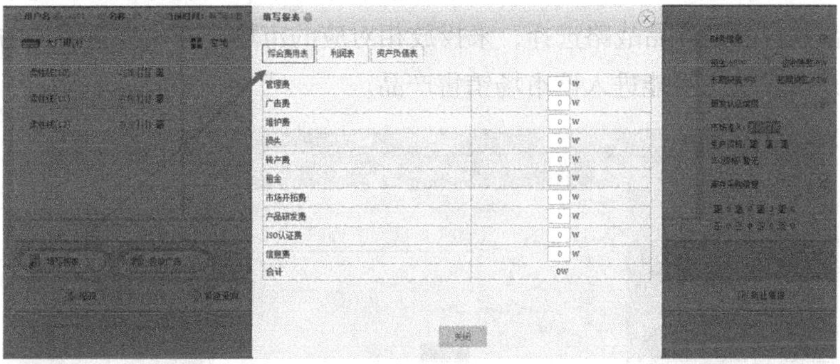

图 2-34　综合费用表填写示意图

利润表如图 2-35 所示，利润表可以核算出本年度盈利情况，审查分析影响利润因素，采取措施进行开源节流，扩大企业综合利润。

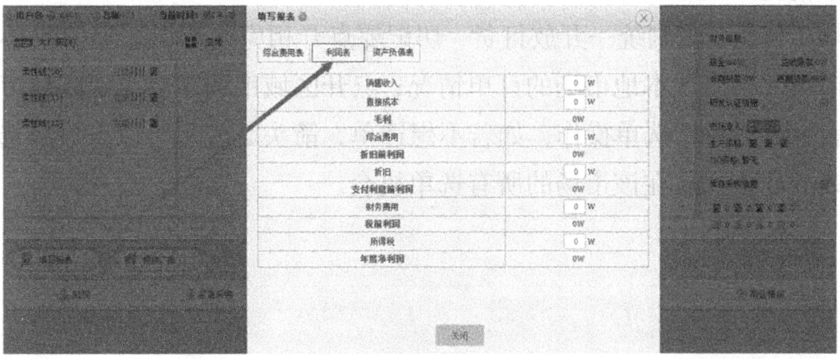

图 2-35　利润表填写示意图

资产负债表显示企业资产、负债以及所有者权益整体情况，可以分析并采取措施，合理筹资，提高筹资的效益，发挥财务的杠杆作用。资产负债表填写如图 2-36 所示。

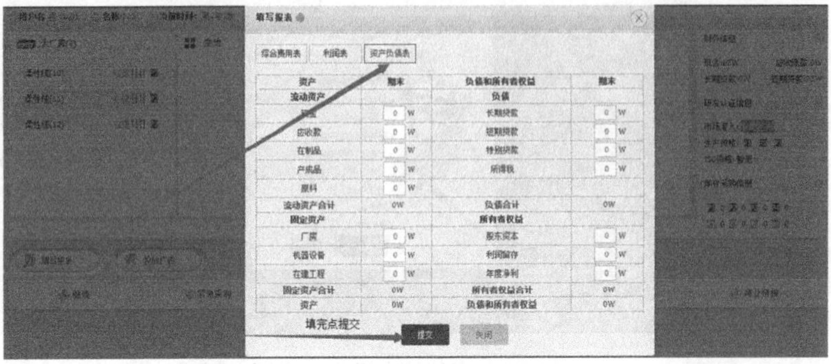


图 2-36　资产负债表填写示意图

**19. 投放广告**

市场开拓成功后，则代表有资格进入市场销售产品，为了拿到订单，需要进行市场广告投放。市场广告投放操作如图 2-37 所示，黑色字体的市场代表有权限在此市场进行广告投放，针对企业自己的产品战略选择，来投放相对应的市场广告。红色字体的市场则代表该市场未被开拓成功，不能进入该市场销售产品。

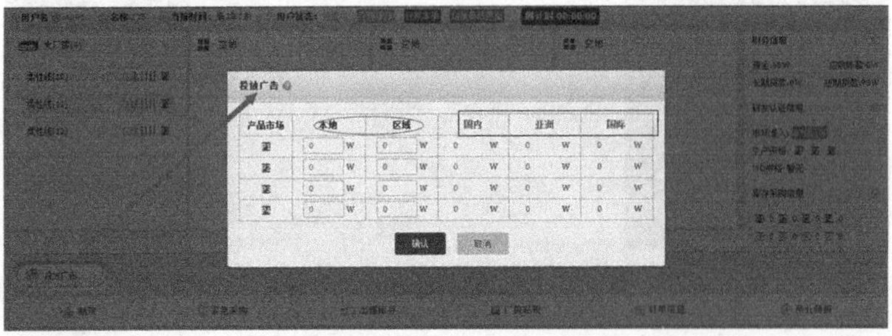


图 2-37　投放广告操作示意图

**20. 选单情况**

投放市场广告后，裁判统一开放订货，切记要点开相应的市场才会如图 2-38 显示，例如点开本地市场才会出现本地市场的订单情况；点开区域市场才会出现区域市场的订单情况。箭头 1 表示可以进行选单操作，如若不想选单，箭头 2 表示可以点放弃选单，一旦选择放弃则代表放弃该产品在该市场的所有选单机会。

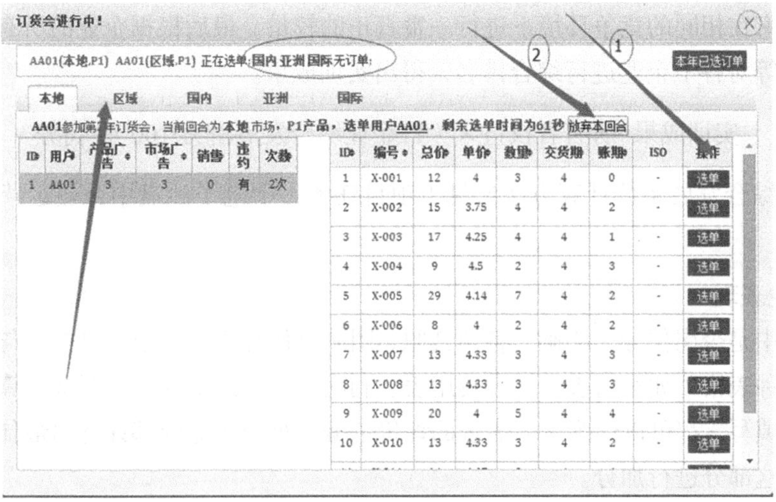

图 2-38　选单情况操作示意图

**21．开始下一批生产**

开始下一批生产，就是进行生产产品操作，可以看做加工产品。有关操作如图 2-39 所示。

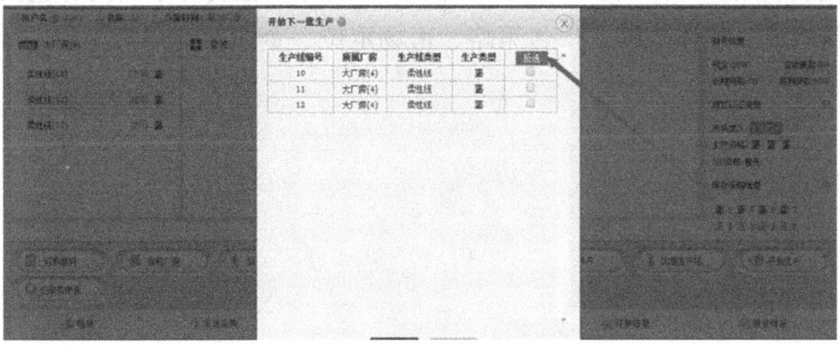

图 2-39　开始下一批生产操作示意图

### （三）实训成绩的评定

实训结束后，每个小组都会有一个实训成绩，按照总成绩的排名来确定实训成果，但是实训成果并不能充分反映学生的真实学习情况。虽然有的组破产了，但是在运营过程中，小组成员可能一直积极参与，从实训过程中领悟到很多经营的真谛，所以下面给出一种较为科学的成绩评定方式，以供参考。

实训课成绩=实训成果（60%）+学生表现（10%）+总结（30%）

**1．实训成果**

此次实训中可以把学员分成若干组，每组 5～6 名成员，分别代表不同的公司，每个小组的成员分别担任公司中的重要职位：CEO、CFO、市场总监、生产总监和采购总监，如果成员为 6 名，还可以设置 CFO 助理等职务。各公司属于同一行业的竞争者，初始资源相同，大家在相同的竞争环境下进行一番真正的较量。最后根据企业的所有者权益、综合发展系数等对各个企业进行综合排名，得出实训成果。

实训成果=所有者权益×（1+企业综合发展潜力/100）–罚分

企业的综合发展系数计算方法参见本项目任务一中电子沙盘中企业运营规则的竞争排名部分。

**2. 学生表现**

各企业中是否岗位分工明确、各司其职、团队合作程度、每个成员的参与程度和出勤率，以及各种表格（如运营表、综合费用表、利润表、资产负债表、现金预算表、采购计划表等）的填写，都可以作为学生表现的评价依据。每个企业内部评选出最佳员工，可以在学生表现这部分进行加分。

**3. 总结**

总结包括个人总结和团队总结。个人总结是实训结束后每个同学上交一份实训报告，总结一下这几天自己的表现、体会，自己在企业中所起的作用以及通过企业模拟经营的运作对哪些理论知识有了进一步的体会。团队总结是以团队的形式上交一份 PPT，在全班总结时由团队代表利用多媒体向全班同学进行讲解和分享，主要分享的内容包括本企业的企业文化、成员构成、整体战略、广告策略、市场定位、企业运营得失等。

# 项目三

# “商战”电子沙盘

## 任务一 “商战”电子沙盘规则解析

### 一、“商战”电子沙盘基本规则

表 3-1 至表 3-8 分别列示了生产线基本规则、生产线折旧规则、厂房规则、融资规则、市场准入规则、ISO 资格认证规则、产品规则、原材料规则。

表 3-1 生产线基本规则

| 类　型 | 购置费 | 安装周期 | 生产周期 | 总转产费 | 转产周期 | 维修费 | 折旧时间 | 残　值 | 分　值 |
|---|---|---|---|---|---|---|---|---|---|
| 手工线 | 35W | 0 | 2Q | 0W | 0 | 5W | 4 年 | 5W | 4 分 |
| 租赁线 | 0W | 0 | 1Q | 20W | 1Q | 65W | 无 | –85W | 0 分 |
| 自动线 | 150W | 3Q | 1Q | 20W | 1Q | 15W | 5 年 | 30W | 8 分 |
| 柔性线 | 200W | 4Q | 1Q | 0W | 0 | 20W | 5 年 | 40W | 10 分 |

**注意事项：**

（1）安装周期为 0，表示即买即用。

（2）计算投资总额时，若安装周期为 0，则按 1 计算。

（3）不论何时出售生产线，价格为残值，净值与残值之差计入损失。

（4）只有空生产线方可转产。

（5）当年建成生产线需要交维修费。

（6）每季度都可以购买、租赁生产线，租赁生产线退租残值是–85，直接扣除企业现金，计入综合费用表损失项目内，不再扣除维修费。

表 3-2　　生产线折旧规则

| 类　型 | 购置费 | 残　值 | 建成第 1 年 | 建成第 2 年 | 建成第 3 年 | 建成第 4 年 | 建成第 5 年 |
|---|---|---|---|---|---|---|---|
| 手工线 | 35W | 5W | 0W | 10W | 10W | 10W | 0W |
| 自动线 | 150W | 30W | 0W | 30W | 30W | 30W | 30W |
| 柔性线 | 200W | 40W | 0W | 40W | 40W | 40W | 40W |

**注意事项：**

（1）折旧（平均年限法）：建成当年不提折旧。

（2）当净值等于残值时生产线不再计提折旧，但可以继续使用。

表 3-3　　厂房规则

<table>
<tr><th>厂　房</th><th>买　价</th><th>租　金</th><th>售　价</th><th>容　量</th><th>分　值</th><td rowspan="4">厂房出售得到 4 个账期的应收款，紧急情况下可厂房贴现（4 季贴现），直接得到现金，如厂房中有生产线，同时要扣租金</td></tr>
<tr><td>大厂房</td><td>440W</td><td>50W</td><td>440W</td><td>5 条</td><td>10 分</td></tr>
<tr><td>中厂房</td><td>300W</td><td>40W</td><td>300W</td><td>3 条</td><td>8 分</td></tr>
<tr><td>小厂房</td><td>180W</td><td>20W</td><td>180W</td><td>2 条</td><td>7 分</td></tr>
</table>

表 3-4　　融资规则

<table>
<tr><th>贷款类型</th><th>贷款时间</th><th>贷款额度</th><th>年　息</th><th>还款方式</th></tr>
<tr><td>长期贷款</td><td>每年年初</td><td rowspan="2">所有长贷和短贷之和不能超过上年权益的 3 倍</td><td>12%</td><td>年初付息，到期还本；每次贷款额不小于 10 的整数</td></tr>
<tr><td>短期贷款</td><td>每季度初</td><td>7%</td><td>到期一次还本付息；每次贷款额不小于 10 的整数</td></tr>
<tr><td>资金贴现</td><td>任何时间</td><td>视应收款额</td><td>10%（1 季度，2 季度）<br>12.5%（3 季度，4 季度）</td><td>变现时贴息，各账期独立贴现</td></tr>
<tr><td>库存拍卖</td><td colspan="4">原材料九折，成品按成本价</td></tr>
</table>

**注意事项：**

（1）长贷利息计算：所有不同年份长贷加总再乘以利率，然后四舍五入计算利息。

（2）短贷利息计算：按每笔短贷分别计算，然后四舍五入计算利息。

表 3-5　　市场准入规则

<table>
<tr><th>市　场</th><th>开发费</th><th>时　间</th><th>分　值</th><td rowspan="6">开发费用按开发时间在年末平均支付，不允许加速投资，但可中断投资。<br>市场开发完成后，领取相应的市场准入证</td></tr>
<tr><td>本地</td><td>10W</td><td>1 年</td><td>7 分</td></tr>
<tr><td>区域</td><td>10W</td><td>1 年</td><td>7 分</td></tr>
<tr><td>国内</td><td>10W</td><td>2 年</td><td>8 分</td></tr>
<tr><td>亚洲</td><td>10W</td><td>3 年</td><td>9 分</td></tr>
<tr><td>国际</td><td>10W</td><td>4 年</td><td>10 分</td></tr>
</table>

表 3-6　　ISO 资格认证规则

<table>
<tr><td>认　证</td><td>ISO 9000</td><td>IS0 14000</td><td>分　值</td><td rowspan="3">开发费用按开发时间在年末平均支付，不允许加速投资，但可中断投资。ISO 开发完成后，领取相应的认证</td></tr>
<tr><td>时间</td><td>2 年</td><td>2 年</td><td>8 分</td></tr>
<tr><td>费用</td><td>10W/年</td><td>15W/年</td><td>10 分</td></tr>
</table>

**注意事项：**

（1）开发费用在年末支付，不允许加速投资，但可以中断投资。

（2）开发完成后，领取相应的资格证。

（3）无须交维护费，中途停止使用，也可继续拥有资格并在以后年份使用。

表 3-7　　产品规则

| 名　称 | 研发费用 | 研发周期 | 加工费 | 直接成本 | 产品组成 | 分　值 |
|---|---|---|---|---|---|---|
| P1 | 10W | 2Q | 10W | 20W | R1 | 7 分 |
| P2 | 10W | 3Q | 10W | 30W | R2+R3 | 8 分 |
| P3 | 10W | 4Q | 10W | 40W | R1+R3+R4 | 9 分 |
| P4 | 11W | 5Q | 10W | 50W | R2+R3+P1 | 10 分 |
| P5 | 12W | 6Q | 10W | 60W | R3+R4+P2 | 11 分 |

**注意事项：**

（1）开发费用在季末支付，不允许加速投资，但可以中断投资。

表 3-8　　原材料规则

| 名　称 | 购买价格 | 提前期 |
|---|---|---|
| R1 | 10W | 1 季度 |
| R2 | 10W | 1 季度 |
| R3 | 10W | 2 季度 |
| R4 | 10W | 2 季度 |

**注意事项：**

（1）原材料订购不付款。

（2）原材料到货时必须现金支付货款，不允许赊账。

## 二、特别事项解析

### （一）紧急采购

（1）付款即到货，原材料价格为直接成本的 2 倍，成品价格为直接成本的 3 倍。

（2）紧急采购原材料和产品时，直接扣除现金。上报报表时，成本仍然按照标准成本记录，紧急采购多付出的成本计入费用表损失项。

（二）选单规则

投 5W 广告有一次选单机会，每增加 10W 多一次机会，广告投放可以为 6W、17W。

**1. 选单顺序**

（1）按照本市场、本产品广告额投放大小顺序依次选单。

（2）如果两队本市场本产品广告额相同，则看本市场所有产品的广告投放总额。

（3）如果本市场所有产品的广告投放总额也相同，则看上年本市场销售排名。

（4）如仍无法决定，先投广告者先选单，依据系统时间决定。

（5）第 1 年无订单。

**2. 开单顺序**

（1）选单时，两个市场同时开单，各队需要同时关注两个市场的选单进展。

（2）当其中一个市场先结束，则第三个市场立即开单，即任何时候会有两个市场同开，直到最后只剩下一个市场选单未结束。

（3）市场开放顺序分别为（本地+区域）、国内、亚洲、国际。

（4）各市场内产品按 P1、P2、P3、P4、P5 顺序独立放单。

（5）选单时各队需要点击相应“市场”按钮，一个市场选单结束，系统不会自动跳到新开放的市场。

**【例 3-1】**假设有本地、地区、国内、亚洲 4 个市场进行选单

首先本地和区域市场同时开单，当本地市场选单结束，则国内市场立即开单，此时区域、国内两个市场保持同开，当区域结束选单后，则亚洲市场立即放单，即国内、亚洲二市场同开。直至选单结束。

**提请注意：**

（1）出现确认框要在倒计时大于 10 秒时按下确认按纽，否则可能造成选单无效。

（2）在某细分市场（如本地、P1）有多次选单机会，只要放弃一次，则视同放弃该细分市场所有选单机会。

**（三）竞单会（系统一次同时放 3 张订单同时竞，并显示所有订单）**

参与竞标的订单标明了订单编号、市场、产品、数量、ISO 要求等，而总价、交货期、账期三项为空。竞标订单的相关要求说明如下：

竞拍会的单子，价格、交货期、账期都是根据各个队伍的情况自己填写选择的，系统默认的总价是成本价，交货期为 1 期交货，账期为 4 账期，如要修改需要手工修改。

**1. 投标资质**

参与投标的公司需要有相应市场、ISO 认证的资质，但不必有生产资格。

中标的公司需为该单支付 5W 中标服务费，在竞标会结束后一次性扣除，计入广告费里面。

（如果已竞得单数+本次同时竞单数）×5 >现金余额，则不能再竞标。即必须有一定现金库存作为保证金。如同时竞 3 张订单，库存现金 29W，已经竞得 3 张订单，扣除了 15W 标书费，还剩余 14W 库存现金，则不能继续参与竞单，因为万一再竞得 3 张，14W 库存现金不足以支付标书费 15W。

为防止恶意竞单，对竞得的单张数进行限制，如果[某队已竞得单张数>ROUND（3×该年竞单总张数/参赛队数）]，则不能继续竞单。

**提请注意：**

（1）ROUND 表示四舍五入。

（2）如上式为等于，可以继续参与竞单。

（3）参赛队数指经营中的队伍，若破产继续经营也算在其内，破产退出经营则不算在其内。

如某年竞单，共有 40 张，20 队（含破产继续经营）参与竞单，当一队已经得到 7 张单，因为 7>ROUND（3×40/20），所以不能继续竞单；但如果已经竞得 6 张，可以继续参与。

**2. 投标**

参与投标的公司须根据所投标的订单，在系统规定时间（90 秒，以倒计时秒形式显示）填写总价、交货期、账期三项内容，确认后由系统按照以下公式由得分最高者中标。如果计算分数相同，则先提交者中标。

得分=100+（5−交货期）×2+应收账期−8×总价/（该产品直接成本×数量）

**提请注意：**

（1）总价不能低于（可以等于）成本价，也不能高于（可以等于）成本价的三倍。

（2）必须为竞单留足时间，如在倒计时小于等于 10 秒再提交，可能无效。

（3）竞得订单与选中订单一样，算市场销售额。

（4）竞单时不允许紧急采购，不允许市场间谍。

（5）破产队不可以参与投标竞单。

### 3. 竞拍界面（如图 3-1 所示）

图 3-1　参加竞单会示意图

（1）点击要参与竞拍的订单，设置竞价，填写竞拍总价（在价格范围内的整数），选择交货期和账期（如图 3-2 所示）。

图 3-2　拍卖会竞价设置操作示意图

（2）竞拍结果显示（如图 3-3 所示）。

## （四）订单规则

### 1. 交货

订单必须在规定季交货，可以提前交货，但不可推后，推后即违约。

### 2. 应收账款

应收账期从交货季开始算起。应收款收回由系统自动完成，不需要各队填写收回金额。

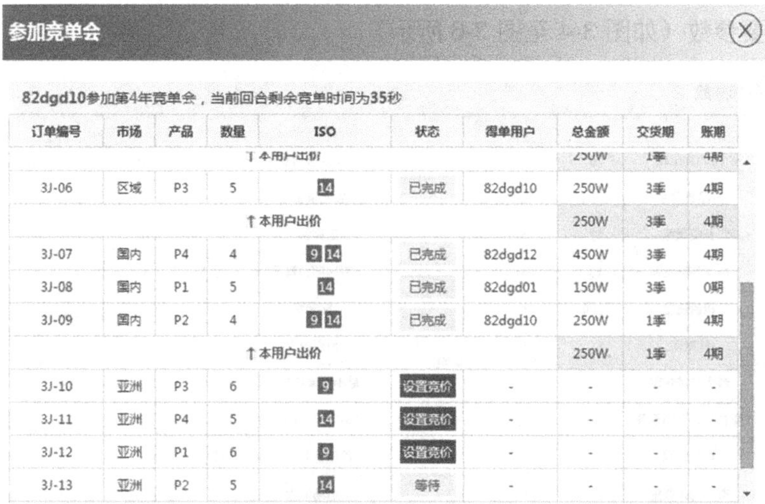
参加竞单会

82dgd10参加第4年竞单会，当前回合剩余竞单时间为35秒

| 订单编号 | 市场 | 产品 | 数量 | ISO | 状态 | 得单用户 | 总金额 | 交货期 | 账期 |
|---|---|---|---|---|---|---|---|---|---|
| ↑本用户出价 | | | | | | | 250W | 1季 | 4期 |
| 3J-06 | 区域 | P3 | 5 | 14 | 已完成 | 82dgd10 | 250W | 3季 | 4期 |
| ↑本用户出价 | | | | | | | 250W | 3季 | 4期 |
| 3J-07 | 国内 | P4 | 4 | 9 14 | 已完成 | 82dgd12 | 450W | 3季 | 4期 |
| 3J-08 | 国内 | P1 | 5 | 14 | 已完成 | 82dgd01 | 150W | 3季 | 0期 |
| 3J-09 | 国内 | P2 | 4 | 9 14 | 已完成 | 82dgd10 | 250W | 1季 | 4期 |
| ↑本用户出价 | | | | | | | 250W | 1季 | 4期 |
| 3J-10 | 亚洲 | P3 | 6 | 9 | 设置竞价 | - | - | - | - |
| 3J-11 | 亚洲 | P4 | 5 | 14 | 设置竞价 | - | - | - | - |
| 3J-12 | 亚洲 | P1 | 6 | 9 | 设置竞价 | - | - | - | - |
| 3J-13 | 亚洲 | P2 | 5 | 14 | 等待 | - | - | - | - |

图 3-3　参加竞单会结果显示图

**3. 违约**

在订单规定交货季度未交货，系统收回订单，同时按照订单销售金额的20%罚款。罚款在当年结束时现金扣除。罚款计入损失。

## （五）取整规则（均精确或舍到个位整数）

（1）违约金扣除——四舍五入（每张单分开算）。

（2）库存拍卖所得现金——四舍五入。

（3）贴现费用——向上取整。

（4）扣税——四舍五入。

（5）长短贷利息——四舍五入。

## （六）特殊费用项目

（1）损失：库存折价拍卖、生产线变卖、紧急采购、订单违约计入综合费用其他损失中；

（2）融资：增减资计入股东资本或特别贷款（均不计算所得税）。

**提请注意：**

增资只适用于破产队。

（七）重要参数（如图 3-4 至图 3-6 所示）

系统参数

| | | | |
|---|---|---|---|
| 违约金比例 | 20 % | 贷款额倍数 | 3 倍 |
| 产品折价率 | 100 % | 原料折价率 | 80 % |
| 长贷利率 | 12 % | 短贷利率 | 7 % |
| 1，2期贴现率 | 10 % | 3，4期贴现率 | 12.5 % |
| 初始现金 | 600 ￥ | 管理费 | 10 ￥ |
| 信息费 | 1 ￥ | 所得税率 | 25 % |
| 最大长贷年限 | 5 年 | 最小得单广告额 | 10 ￥ |
| 原料紧急采购倍数 | 2 倍 | 产品紧急采购倍数 | 3 倍 |
| 选单时间 | 50 秒 | 首位选单补时 | 25 秒 |
| 市场同开数量 | 2 个 | 市场老大 | ◉ 无 ○ 有 |
| 竞单时间 | 90 秒 | 竞单同竞数 | 3 个 |

图 3-4　系统参数示意图

（1）每个市场各产品选单时第一个队选单时间为 75 秒，自第二个队起，选单时间设为 50 秒。

（2）信息费为 1W/次/队，即交 1W 可以查看一队企业信息，交费企业以 Excel 表格形式获得被间谍企业详细信息（可看到的信息框架结构如附件 Excel 表所示）。

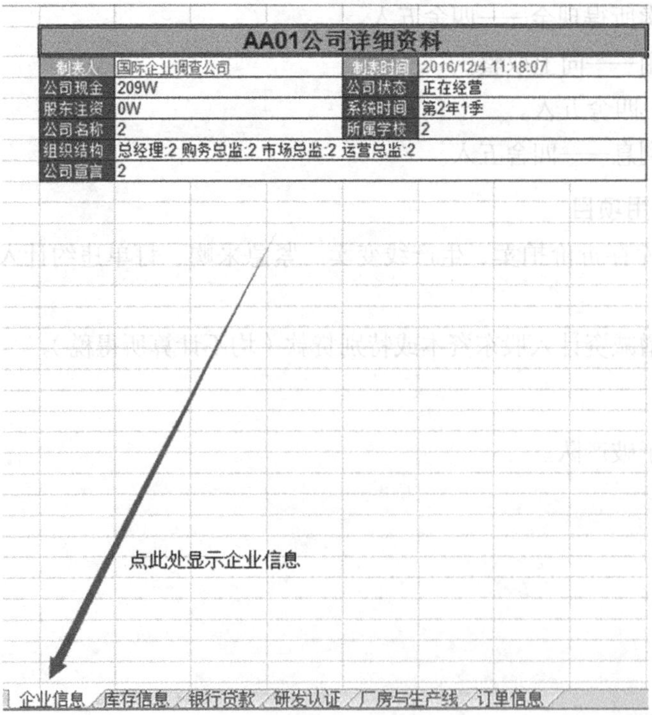


图 3-5　被间谍企业信息示意图 1

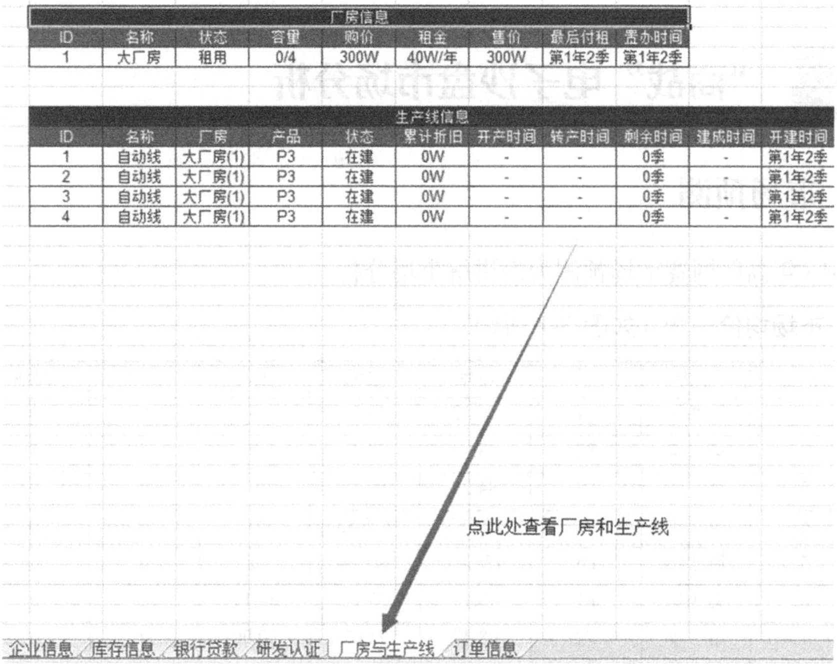

| 厂房信息 | | | | | | | | |
|---|---|---|---|---|---|---|---|---|
| ID | 名称 | 状态 | 容量 | 购价 | 租金 | 售价 | 最后付租 | 置办时间 |
| 1 | 大厂房 | 租用 | 0/4 | 300W | 40W/年 | 300W | 第1年2季 | 第1年2季 |

| 生产线信息 | | | | | | | | | | |
|---|---|---|---|---|---|---|---|---|---|---|
| ID | 名称 | 厂房 | 产品 | 状态 | 累计折旧 | 开产时间 | 转产时间 | 剩余时间 | 建成时间 | 开建时间 |
| 1 | 自动线 | 大厂房(1) | P3 | 在建 | 0W | - | - | 0季 | - | 第1年2季 |
| 2 | 自动线 | 大厂房(1) | P3 | 在建 | 0W | - | - | 0季 | - | 第1年2季 |
| 3 | 自动线 | 大厂房(1) | P3 | 在建 | 0W | - | - | 0季 | - | 第1年2季 |
| 4 | 自动线 | 大厂房(1) | P3 | 在建 | 0W | - | - | 0季 | - | 第1年2季 |



图 3-6　被间谍企业信息示意图 2

### （八）竞赛排名

完成预先规定的经营年限，将根据各队的最后分数进行评分，分数高者为优胜。

总成绩=所有者权益×（1+企业综合发展潜力/100）−罚分

综合发展潜力=生产线分值+厂房分值（购买）+市场研发+ISO 资格认证+产品研发

**提请注意：**

（1）如有多支队伍分数相同，则按照第六年末所有者权益排名高者在前，若第六年末权益仍相同则按最后一年在系统中先结束经营（而非指在系统中填制报表）者排名靠前。

（2）生产线建成（需交过维修费）即加分，无须生产出产品，也无须有在制品。手工线、租赁线不加分。

### （九）破产处理

当参赛队权益为负（指当年结束系统生成资产负债表时为负）或现金断流时（权益和现金可以为零），企业破产。

参赛队破产后，可由老师视情况适当增资后继续经营。破产队不参加有效排名。

为了确保破产队不过多影响课堂的正常进行，限制破产队每年用于广告投放的总和不能超过 60W，单个市场不超过 30W，不允许参加竞单。

# 任务二 “商战”电子沙盘市场分析

## 一、市场预测

以 2016 年高职国赛市场预测为例讲解市场分析。

### （一）市场均价预测（如图 3-7 所示）

| 序号 | 年份 | 产品 | 本地 | 区域 | 国内 | 亚洲 | 国际 |
|---|---|---|---|---|---|---|---|
| 1 | 第 2 年 | P1 | 50.32 | 53.54 | 0 | 0 | 0 |
| 2 | 第 2 年 | P2 | 68.94 | 73.48 | 0 | 0 | 0 |
| 3 | 第 2 年 | P3 | 84.26 | 89.35 | 0 | 0 | 0 |
| 4 | 第 2 年 | P4 | 121.82 | 125.83 | 0 | 0 | 0 |
| 5 | 第 2 年 | P5 | 135.88 | 141.64 | 0 | 0 | 0 |
| 6 | 第 3 年 | P1 | 49.99 | 53.12 | 53.17 | 0 | 0 |
| 7 | 第 3 年 | P2 | 68.47 | 74.07 | 70.00 | 0 | 0 |
| 8 | 第 3 年 | P3 | 83.20 | 86.10 | 84.10 | 0 | 0 |
| 9 | 第 3 年 | P4 | 127.03 | 119.03 | 124.06 | 0 | 0 |
| 10 | 第 3 年 | P5 | 0 | 145.00 | 140.03 | 0 | 0 |
| 11 | 第 4 年 | P1 | 50.26 | 54.14 | 52.88 | 0 | 0 |
| 12 | 第 4 年 | P2 | 67.30 | 73.24 | 66.76 | 0 | 0 |
| 13 | 第 4 年 | P3 | 80.28 | 88.44 | 0 | 79.31 | 0 |
| 14 | 第 4 年 | P4 | 116.04 | 115.67 | 120.21 | 117.21 | 0 |
| 15 | 第 4 年 | P5 | 140.40 | 140.78 | 145.67 | 129.95 | 0 |
| 16 | 第 5 年 | P1 | 49.97 | 54.76 | 0 | 0 | 56.12 |
| 17 | 第 5 年 | P2 | 67.95 | 73.35 | 0 | 63.16 | 72.61 |
| 18 | 第 5 年 | P3 | 81.21 | 86.81 | 87.00 | 81.12 | 87.92 |
| 19 | 第 5 年 | P4 | 0 | 0 | 120.67 | 115.21 | 129.33 |
| 20 | 第 5 年 | P5 | 0 | 145.33 | 133.03 | 156.68 | 154.83 |
| 21 | 第 6 年 | P1 | 49.92 | 53.34 | 47.18 | 0 | 55.51 |
| 22 | 第 6 年 | P2 | 67.51 | 73.91 | 69.36 | 75.81 | 71.45 |
| 23 | 第 6 年 | P3 | 83.27 | 89.36 | 0 | 88.27 | 89.10 |
| 24 | 第 6 年 | P4 | 128.44 | 126.36 | 127.13 | 127.29 | 129.33 |
| 25 | 第 6 年 | P5 | 153.24 | 149.48 | 0 | 151.10 | 153.75 |

图 3-7 市场均价预测示意图

## （二）市场需求量预测（如图 3-8 所示）

| 序号 | 年份 | 产品 | 本地 | 区域 | 国内 | 亚洲 | 国际 |
|---|---|---|---|---|---|---|---|
| 1 | 第 2 年 | P1 | 106 | 56 | 0 | 0 | 0 |
| 2 | 第 2 年 | P2 | 79 | 52 | 0 | 0 | 0 |
| 3 | 第 2 年 | P3 | 73 | 43 | 0 | 0 | 0 |
| 4 | 第 2 年 | P4 | 34 | 35 | 0 | 0 | 0 |
| 5 | 第 2 年 | P5 | 24 | 39 | 0 | 0 | 0 |
| 6 | 第 3 年 | P1 | 103 | 49 | 75 | 0 | 0 |
| 7 | 第 3 年 | P2 | 87 | 58 | 37 | 0 | 0 |
| 8 | 第 3 年 | P3 | 84 | 30 | 50 | 0 | 0 |
| 9 | 第 3 年 | P4 | 33 | 30 | 17 | 0 | 0 |
| 10 | 第 3 年 | P5 | 0 | 24 | 39 | 0 | 0 |
| 11 | 第 4 年 | P1 | 81 | 36 | 42 | 0 | 0 |
| 12 | 第 4 年 | P2 | 66 | 58 | 34 | 0 | 0 |
| 13 | 第 4 年 | P3 | 82 | 36 | 0 | 39 | 0 |
| 14 | 第 4 年 | P4 | 25 | 15 | 28 | 19 | 0 |
| 15 | 第 4 年 | P5 | 30 | 27 | 24 | 20 | 0 |
| 16 | 第 5 年 | P1 | 69 | 25 | 0 | 0 | 49 |
| 17 | 第 5 年 | P2 | 77 | 46 | 0 | 31 | 71 |
| 18 | 第 5 年 | P3 | 78 | 27 | 30 | 52 | 60 |
| 19 | 第 5 年 | P4 | 0 | 0 | 30 | 14 | 18 |
| 20 | 第 5 年 | P5 | 0 | 48 | 29 | 22 | 24 |
| 21 | 第 6 年 | P1 | 50 | 38 | 28 | 0 | 65 |
| 22 | 第 6 年 | P2 | 78 | 23 | 28 | 83 | 58 |
| 23 | 第 6 年 | P3 | 78 | 39 | 0 | 22 | 61 |
| 24 | 第 6 年 | P4 | 41 | 22 | 46 | 17 | 18 |
| 25 | 第 6 年 | P5 | 50 | 29 | 0 | 21 | 40 |

图 3-8 市场需求量预测示意图

## （三）市场订单数预测（如图 3-9 所示）

| 市场预测表——订单数 | | | | | | | | 组数 | 24 |
|---|---|---|---|---|---|---|---|---|---|
| 序号 | 年份 | 产品 | 本地 | 区域 | 国内 | 亚洲 | 国际 | 市场总单数 | 市场增长率 |
| 1 | 第 2 年 | P1 | 21 | 27 | 0 | 0 | 0 | | |
| 2 | 第 2 年 | P2 | 20 | 26 | 0 | 0 | 0 | | |
| 3 | 第 2 年 | P3 | 18 | 25 | 0 | 0 | 0 | | |
| 4 | 第 2 年 | P4 | 11 | 12 | 0 | 0 | 0 | | |
| 5 | 第 2 年 | P5 | 9 | 11 | 0 | 0 | 0 | | |
| 6 | 第 3 年 | P1 | 21 | 23 | 15 | 0 | 0 | | |
| 7 | 第 3 年 | P2 | 21 | 28 | 13 | 0 | 0 | | |
| 8 | 第 3 年 | P3 | 22 | 18 | 18 | 0 | 0 | | |
| 9 | 第 3 年 | P4 | 11 | 7 | 6 | 0 | 0 | | |
| 10 | 第 3 年 | P5 | 0 | 9 | 14 | 0 | 0 | 226 | |
| 11 | 第 4 年 | P1 | 16 | 19 | 10 | 0 | 0 | | |
| 12 | 第 4 年 | P2 | 18 | 27 | 12 | 0 | 0 | | |
| 13 | 第 4 年 | P3 | 21 | 21 | 0 | 14 | 0 | | |

图 3-9 市场订单数预测示意图

| 市场预测表——订单数 | | | | | | | | 组数 | 24 |
|---|---|---|---|---|---|---|---|---|---|
| 序号 | 年份 | 产品 | 本地 | 区域 | 国内 | 亚洲 | 国际 | 市场总单数 | 市场增长率 |
| 14 | 第 4 年 | P4 | 9 | 6 | 11 | 7 | 0 | | |
| 15 | 第 4 年 | P5 | 12 | 10 | 9 | 7 | 0 | 229 | 1.013 274 |
| 16 | 第 5 年 | P1 | 16 | 11 | 0 | 0 | 16 | | |
| 17 | 第 5 年 | P2 | 20 | 20 | 0 | 10 | 16 | | |
| 18 | 第 5 年 | P3 | 20 | 16 | 8 | 19 | 15 | | |
| 19 | 第 5 年 | P4 | 0 | 0 | 9 | 5 | 7 | | |
| 20 | 第 5 年 | P5 | 0 | 14 | 10 | 9 | 9 | 250 | 1.091 703 |
| 21 | 第 6 年 | P1 | 11 | 19 | 10 | 0 | 16 | | |
| 22 | 第 6 年 | P2 | 19 | 13 | 10 | 20 | 15 | | |
| 23 | 第 6 年 | P3 | 21 | 23 | 0 | 8 | 15 | | |
| 24 | 第 6 年 | P4 | 12 | 10 | 16 | 6 | 7 | | |
| 25 | 第 6 年 | P5 | 16 | 11 | 0 | 9 | 13 | 300 | 1.2 |

图 3-9 市场订单数预测示意图（续）

## 二、市场预测分析

### （一）毛利（如图 3-10 所示）

| 序号 | 年份 | 产品 | 本地 | 区域 | 国内 | 亚洲 | 国际 |
|---|---|---|---|---|---|---|---|
| 1 | 第 2 年 | P1 | 30.32 | 33.54 | | | |
| 2 | 第 2 年 | P2 | 38.94 | 43.48 | | | |
| 3 | 第 2 年 | P3 | 44.26 | 49.35 | | | |
| 4 | 第 2 年 | P4 | 35.91 | 37.915 | | | |
| 5 | 第 2 年 | P5 | 37.94 | 40.82 | | | |
| 6 | 第 3 年 | P1 | 29.99 | 33.12 | 33.17 | | |
| 7 | 第 3 年 | P2 | 38.47 | 44.07 | 40 | | |
| 8 | 第 3 年 | P3 | 43.2 | 46.1 | 44.1 | | |
| 9 | 第 3 年 | P4 | 38.515 | 34.515 | 37.03 | | |
| 10 | 第 3 年 | P5 | | 42.5 | 40.015 | | |
| 11 | 第 4 年 | P1 | 30.26 | 34.14 | 32.88 | | |
| 12 | 第 4 年 | P2 | 37.3 | 43.24 | 36.76 | | |
| 13 | 第 4 年 | P3 | 40.28 | 48.44 | | 39.31 | |
| 14 | 第 4 年 | P4 | 33.02 | 32.835 | 35.105 | 33.605 | |
| 15 | 第 4 年 | P5 | 40.2 | 40.39 | 42.835 | 34.975 | |
| 16 | 第 5 年 | P1 | 29.97 | 34.76 | | | 36.12 |
| 17 | 第 5 年 | P2 | 37.95 | 43.35 | | 33.16 | 42.61 |
| 18 | 第 5 年 | P3 | 41.21 | 46.81 | 47 | 41.12 | 47.92 |
| 19 | 第 5 年 | P4 | | | 35.335 | 32.605 | 39.67 |

图 3-10 市场毛利预测示意图

| 序号 | 年份 | 产品 | 本地 | 区域 | 国内 | 亚洲 | 国际 |
|---|---|---|---|---|---|---|---|
| 20 | 第 5 年 | P5 | | 42.665 | 36.515 | 48.34 | 47.42 |
| 21 | 第 6 年 | P1 | 29.92 | 33.34 | 27.18 | | 35.51 |
| 22 | 第 6 年 | P2 | 37.51 | 43.91 | 39.36 | 45.81 | 41.45 |
| 23 | 第 6 年 | P3 | 43.27 | 49.36 | | 48.27 | 49.1 |
| 24 | 第 6 年 | P4 | 39.22 | 38.18 | 38.565 | 38.645 | 39.67 |
| 25 | 第 6 年 | P5 | 46.62 | 44.74 | | 45.55 | 46.88 |

图 3-10　市场毛利预测示意图（续）

## （二）每个队伍均量（如图 3-11 所示）

| 产品 | 本地 | 区域 | 国内 | 亚洲 | 国际 | 单产品 | | 年分配数量 |
|---|---|---|---|---|---|---|---|---|
| P1 | 106 | 56 | | | | 6.8 | 1 | 破产组 |
| P2 | 79 | 52 | | | | 5.5 | 1 | |
| P3 | 73 | 43 | | | | 4.8 | 1 | |
| P4 | 34 | 35 | | | | 5.8 | 1 | |
| P5 | 24 | 39 | | | | 5.3 | 1 | 28 |
| P1 | 103 | 49 | 75 | | | 9.5 | 1 | 破产组 |
| P2 | 87 | 58 | 37 | | | 7.6 | 1 | |
| P3 | 84 | 30 | 50 | | | 6.8 | 1 | |
| P4 | 33 | 30 | 17 | | | 6.7 | 1 | |
| P5 | | 24 | 39 | | | 5.3 | 1 | 36 |
| P1 | 81 | 36 | 42 | | | 6.6 | 1 | 破产组 |
| P2 | 66 | 58 | 34 | | | 6.6 | 1 | |
| P3 | 82 | 36 | | 39 | | 6.5 | 1 | |
| P4 | 25 | 15 | 28 | 19 | | 7.3 | 1 | |
| P5 | 30 | 27 | 24 | 20 | | 8.4 | 1 | 35 |
| P1 | 69 | 25 | | | 49 | 6.0 | 1 | 破产组 |
| P2 | 77 | 46 | | 31 | 71 | 9.4 | 1 | |
| P3 | 78 | 27 | 30 | 52 | 60 | 10.3 | 1 | |
| P4 | | | 30 | 14 | 18 | 5.2 | 1 | |
| P5 | | 48 | 29 | 22 | 24 | 10.3 | 1 | 41 |
| P1 | 50 | 38 | 28 | | 65 | 7.5 | 1 | 破产组 |
| P2 | 78 | 23 | 28 | 83 | 58 | 11.3 | 1 | |
| P3 | 78 | 39 | | 22 | 61 | 8.3 | 1 | |
| P4 | 41 | 22 | 46 | 17 | 18 | 12.0 | 1 | |
| P5 | 50 | 29 | | 21 | 40 | 11.7 | 1 | 51 |

图 3-11　每组可分配产量示意图

市场每组总需求走势（如图 3-12 所示）。

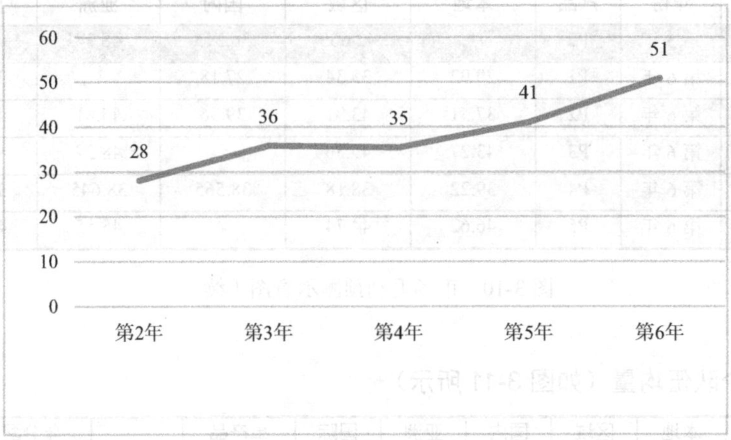


图 3-12　每组市场总需求走势图

（三）产品总体加权平均利润走势（如图 3-13 所示）

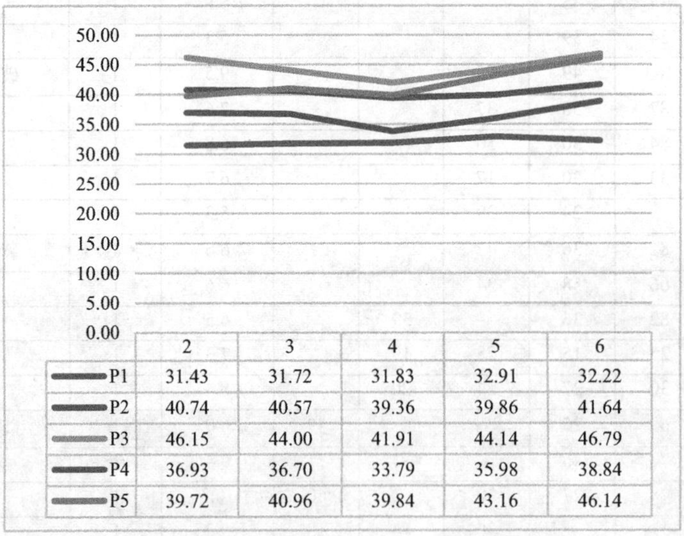


| | 2 | 3 | 4 | 5 | 6 |
|---|---|---|---|---|---|
| P1 | 31.43 | 31.72 | 31.83 | 32.91 | 32.22 |
| P2 | 40.74 | 40.57 | 39.36 | 39.86 | 41.64 |
| P3 | 46.15 | 44.00 | 41.91 | 44.14 | 46.79 |
| P4 | 36.93 | 36.70 | 33.79 | 35.98 | 38.84 |
| P5 | 39.72 | 40.96 | 39.84 | 43.16 | 46.14 |

图 3-13　产品总体加权平均利润走势图

# 任务三　“商战”电子沙盘运营流程

## 一、创建模拟企业

### （一）组建高效的团队

关于如何组建高效团队，请参阅项目二任务三有关内容，此处不再赘述。

## 二、设定模拟企业目标和建立企业文化

### （一）公司命名

在公司成立之后，每个小组要召开第一次员工大会，大会由 CEO 主持。在这次会议中要为自己组建的公司命名。公司名称对一个企业将来的发展而言至关重要，因为公司名称它不仅关系到企业在行业内的影响力，还关系到企业所经营的产品投放市场后，消费者对本企业的认可度；品牌命名或公司名称过程符合行业特点、有深层次的文化底蕴、又是广大消费者熟知的、再也找不到第二名称时，企业的竞争力就明显地区别于行业内的企业，为打造知名品牌奠定了基础。因此各小组要集思广益，为自己的企业起一个响亮的名字。

### （二）确定企业使命

企业使命英文表示为 MISSION，在企业远景的基础之上，具体的定义企业在全社会经济领域中所经营的活动范围和层次，具体的表述企业在社会经济活动中的身份或角色。它包括的内容为企业的经营哲学，企业的宗旨和企业的形象。在第一次员工大会上，学员还要集体讨论确定企业的宗旨和企业形象等问题。

### （三）CEO 就职演讲

小组讨论结束后，由 CEO 代表自己的公司进行就职演讲，阐述一下自己公司使命与目标等，为下一步具体经营管理企业打下良好的基础。

## 三、模拟企业运营实录（含商战电子沙盘操作过程）

### （一）商战实际运营流程

商战实际运营流程表格，以 AA01 组为例，进行前三年操作说明。

**1. 第一年运营表（如表 3-9 至表 3-12 所示）**

表 3-9　　现金预算表

| | 1 | 2 | 3 | 4 |
|---|---|---|---|---|
| 年初库存现金 | 600 | | | |
| 支付上年应交税 | | | | |
| 市场广告投入 | | | | |
| 支付长贷利息 | | | | |
| 申请长期贷款 | | | | |
| 季初盘点 | 600 | 537 | 414 | 291 |
| 短期贷款还本付息 | 0 | 0 | 0 | 0 |
| 申请短期贷款 | 107 | 107 | 107 | 107 |
| 原材料入库 | | | | |

续表

| | 1 | 2 | 3 | 4 |
|---|---|---|---|---|
| 购买、租用厂房 | 50 | | | |
| 生产线投资 | 100 | 200 | 200 | 200 |
| 转产费用 | | | | |
| 开始下一批生产 | | | | |
| 应收款前余额 | 557 | 444 | 321 | 198 |
| 应收款到期 | | | | |
| 产品研发投资 | 10 | 20 | 20 | 20 |
| 购买，租用厂房（续租） | | | | |
| 支付管理费用 | 10 | 10 | 10 | 10 |
| 市场开拓投资 | | | | 50 |
| ISO 资格投资 | | | | 25 |
| 支付设备维护费 | | | | |
| 库存现金余额 | 537 | 414 | 291 | 93 |

**第一年　　用户名：AA01**

表 3-10　　综合费用表

| 项　　目 | 金　　额 |
|---|---|
| 管理费 | 40 |
| 广告费 | |
| 设备维护费 | |
| 损失 | |
| 转产费 | |
| 厂房租金 | 50 |
| 新市场开拓 | 50 |
| ISO 资格认证 | 25 |
| 产品研发 | 70 |
| 信息费 | |
| 合　计 | **235** |

表 3-11　　利润表

| 项　　目 | 金　　额 |
|---|---|
| 销售收入 | |
| 直接成本 | |
| 毛利 | |
| 综合费用 | 235 |
| 折旧前利润 | –235 |
| 折旧 | |
| 支付利息前利润 | –235 |
| 财务费用 | |
| 税前利润 | |
| 所得税 | |
| 年度净利润 | **–235** |

表 3-12　　资产负债表

| 项　　目 | 金　　额 | 项　　目 | 金　　额 |
|---|---|---|---|
| 现金 | 93 | 长期负债 | |
| 应收款 | | 短期负债 | **428** |

续表

| 项　目 | 金　额 | 项　目 | 金　额 |
|---|---|---|---|
| 在制品 | | 应交所得税 | |
| 产成品 | | —— | — |
| 原材料 | | —— | — |
| **流动资产合计** | **93** | **负债合计** | **428** |
| 厂房 | | 股东资本 | **600** |
| 生产线 | | 利润留存 | |
| 在建工程 | 700 | 年度净利 | **–235** |
| **固定资产合计** | **700** | **所有者权益合计** | **365** |
| **资产总计** | **793** | **负债和所有者权益总计** | **793** |

注：库存折价销售，生产线变卖，紧急采购，订单违约记入损失；

每年经营结束请将此表交到裁判处核对。

## 2. 第二年运营表（如表 3-13 至表 3-16 所示）

表 3-13　　现金预算表

| | 1 | 2 | 3 | 4 |
|---|---|---|---|---|
| 年初库存现金 | 93 | | | |
| 支付上年应交税 | | | | |
| 市场广告投入 | 62 | | | |
| 支付长贷利息 | | | | |
| 申请长期贷款 | 95 | | | |
| 季初盘点 | 126 | 118 | 118 | 306 |
| 短期贷款还本付息 | 114 | 114 | 114 | 114 |
| 申请短期贷款 | 306 | 264 | 149 | 192 |
| 原材料入库 | 100 | 100 | 100 | 100 |
| 购买、租用厂房 | | | | |
| 生产线投资 | | | | |
| 转产费用 | | | | |
| 开始下一批生产 | 40 | 40 | 40 | 40 |
| 应收款前余额 | 178 | 128 | 13 | 244 |
| 应收款到期 | | | 303 | 142 |
| 产品研发投资 | | | | |
| 购买、租用厂房（续租） | 50 | | | |
| 支付管理费用 | 10 | 10 | 10 | 10 |
| 市场开拓投资 | | | | 30 |

续表

| 项目 | 1 | 2 | 3 | 4 |
|---|---|---|---|---|
| ISO 资格投资 | | | | 25 |
| 支付设备维护费 | | | | 80 |
| 库存现金余额 | 118 | 118 | 306 | 241 |

## 第二年　　用户名：AA01

表 3-14　　综合费用表

| 项　目 | 金　额 |
|---|---|
| 管理费 | 40 |
| 广告费 | 62 |
| 设备维护费 | 80 |
| 损失 | |
| 转产费 | |
| 厂房租金 | 50 |
| 新市场开拓 | 30 |
| ISO 资格认证 | 25 |
| 产品研发 | |
| 信息费 | |
| 合　计 | **287** |

表 3-15　　利润表

| 项　目 | 金　额 |
|---|---|
| 销售收入 | 908 |
| 直接成本 | 420 |
| 毛利 | 488 |
| 综合费用 | 287 |
| 折旧前利润 | 201 |
| 折旧 | |
| 支付利息前利润 | 201 |
| 财务费用 | 28 |
| 税前利润 | 173 |
| 所得税 | |
| 年度净利润 | **173** |

表 3-16　　资产负债表

| 项　目 | 金　额 | 项　目 | 金　额 |
|---|---|---|---|
| 现金 | 241 | 长期负债 | **95** |
| 应收款 | 463 | 短期负债 | **911** |
| 在制品 | 140 | 应交所得税 | |
| 产成品 | | —— | — |
| 原材料 | | —— | — |
| 流动资产合计 | 844 | 负债合计 | **1 006** |
| 厂房 | | 股东资本 | **600** |
| 生产线 | 700 | 利润留存 | **−235** |
| 在建工程 | | 年度净利 | **173** |
| 固定资产合计 | 700 | 所有者权益合计 | **538** |
| 资产总计 | **1 544** | 负债和所有者权益总计 | **1 544** |

注：库存折价销售，生产线变卖，紧急采购，订单违约记入损失；

每年经营结束请将此表交到裁判处核对。

### 3. 第三年运营表（如表 3-17 至表 3-20 所示）

表 3-17　　现金预算表

| | 1 | 2 | 3 | 4 |
|---|---|---|---|---|
| 年初库存现金 | 241 | | | |
| 支付上年应交税 | | | | |
| 市场广告投入 | 154 | | | |
| 支付长贷利息 | 11 | | | |
| 申请长期贷款 | 287 | | | |
| 季初盘点 | 363 | 441 | 238 | 414 |
| 短期贷款还本付息 | 327 | 282 | 159 | 205 |
| 申请短期贷款 | 392 | 149 | 235 | 364 |
| 原材料入库 | 260 | 180 | 160 | 200 |
| 购买、租用厂房 | 50 | | | |
| 生产线投资 | | | | |
| 转产费用 | | | | |
| 开始下一批生产 | 80 | 80 | 80 | 80 |
| 应收款前余额 | 38 | 48 | 74 | 293 |
| 应收款到期 | 463 | 200 | 350 | 242 |
| 产品研发投资 | | | | |
| 购买、租用厂房（续租） | 50 | | | |
| 支付管理费用 | 10 | 10 | 10 | 10 |
| 市场开拓投资 | | | | 20 |
| ISO 资格投资 | | | | |
| 支付设备维护费 | | | | 340 |
| 库存现金余额 | 441 | 238 | 414 | 165 |

**第三年　　用户名：AA01**

表 3-18　　综合费用表

| 项　目 | 金　额 |
|---|---|
| 管理费 | 40 |
| 广告费 | 154 |
| 设备维护费 | 340 |
| 损失 | |
| 转产费 | |
| 厂房租金 | 100 |

表 3-19　　利润表

| 项　目 | 金　额 |
|---|---|
| 销售收入 | 2 072 |
| 直接成本 | 980 |
| 毛利 | 1 092 |
| 综合费用 | 654 |
| 折旧前利润 | 438 |
| 折旧 | 140 |

续表

| 项　目 | 金　额 |
|---|---|
| 新市场开拓 | 20 |
| ISO 资格认证 | |
| 产品研发 | |
| 信息费 | |
| **合　计** | **654** |

续表

| 项　目 | 金　额 |
|---|---|
| 支付利息前利润 | 298 |
| 财务费用 | 73 |
| 税前利润 | 225 |
| 所得税 | 33 |
| **年度净利润** | **192** |

表 3-20　　资产负债表

| 项　目 | 金　额 | 项　目 | 金　额 |
|---|---|---|---|
| 现金 | 165 | 长期负债 | 382 |
| 应收款 | 1 280 | 短期负债 | 1 140 |
| 在制品 | 280 | 应交所得税 | 33 |
| 产成品 | | —— | |
| 原材料 | | —— | |
| **流动资产合计** | 1 725 | **负债合计** | 1 555 |
| 厂房 | | 股东资本 | 600 |
| 生产线 | 560 | 利润留存 | –62 |
| 在建工程 | | 年度净利 | 192 |
| **固定资产合计** | 560 | **所有者权益合计** | 730 |
| **资产总计** | 2 285 | **负债和所有者权益总计** | 2 285 |

注：库存折价销售，生产线变卖，紧急采购，订单违约记入损失；

每年经营结束请将此表交到裁判处核对。

### （二）“商战”电子沙盘操作介绍

#### 1. “商战”电子沙盘整体界面介绍（如图 3-14 所示）

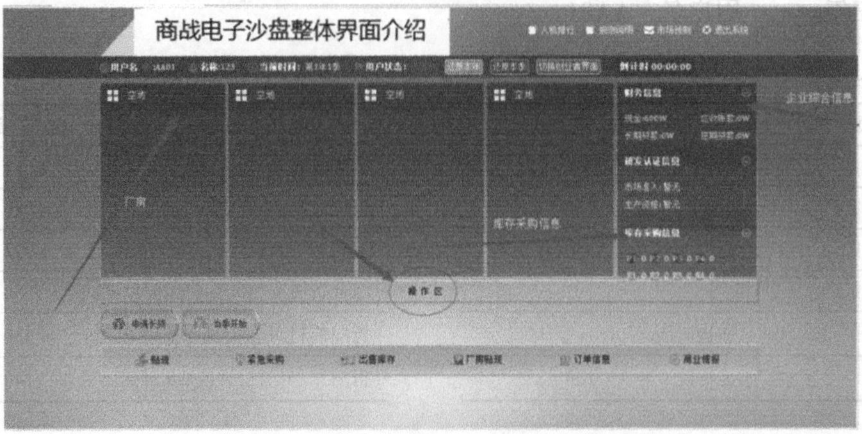


图 3-14　“商战”电子沙盘界面示意图

**2. 申请长期贷款**

申请长期贷款只能是在每年年初，点开此项，显示如图 3-15 所示，最大贷款额度是可以申请的最高贷款，可以根据企业发展规划选择申请年限，只能是整数年。

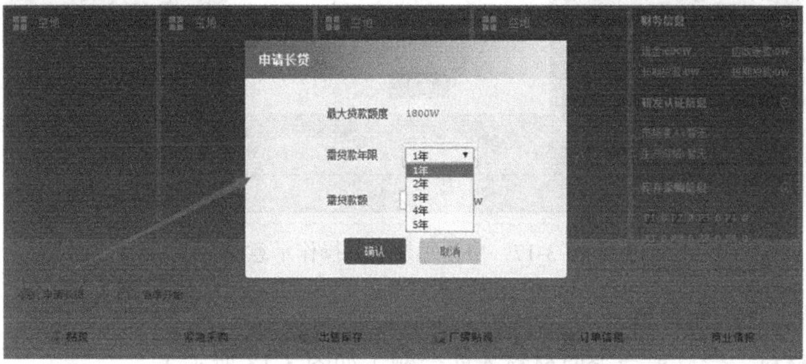


图 3-15　申请长期贷款操作示意图

**3. 当季开始**

点开当季开始，则代表本季度开始运营，才可以进行相应的操作（如图 3-16 所示）。

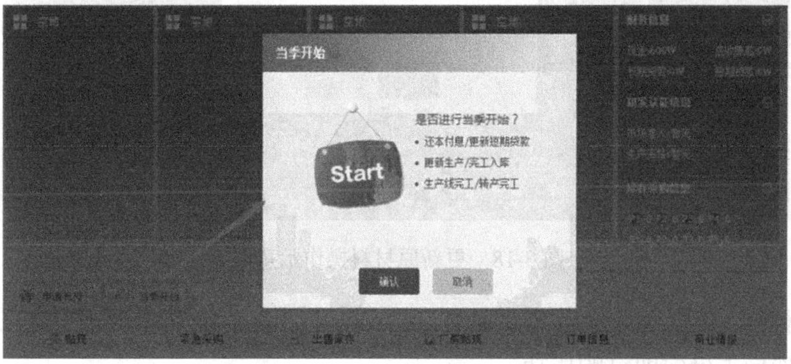


图 3-16　当季开始操作示意图

**4. 申请短期贷款**

每个季度初都可以申请短期贷款，最大贷款额度表明该季度最大申请短期贷款额度，短期贷款期限系统固定为一年（如图 3-17 所示）。例如第 1 年第 1 季度申请短期贷款，则第 2 年第 1 季度初必须还本付息，否则无法往下进行操作。

图 3-17　申请短期贷款操作示意图

**5. 更新、订购原材料**

更新原材料，会显示当季原材料入库金额（如图 3-18 所示）。

图 3-18　更新原材料操作示意图

订购原材料，根据企业经营需要提前订购，点开如图 3-19 所示界面，可以填制原材料订购数量，然后点确定即订购成功。

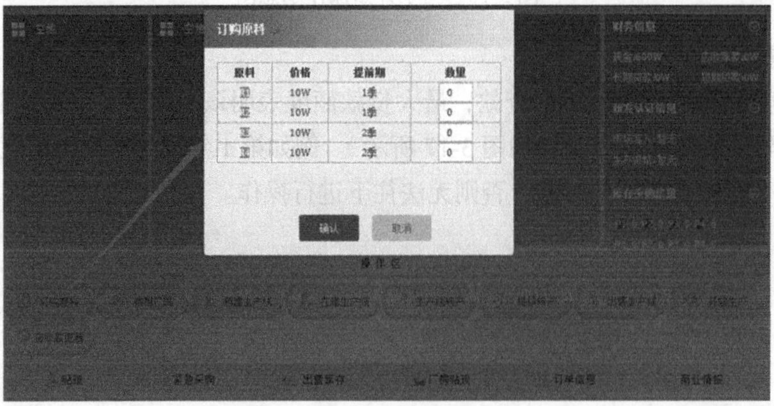


图 3-19　订购原材料操作示意图

### 6. 购买、租用厂房

厂房每季度都可以购买或者是租用，点开如图 3-20 所示界面，可以根据企业需要选择厂房类型（大厂房、中厂房、小厂房），以及订购方式等，因为厂房容量不同即容纳生产线的数量不同。

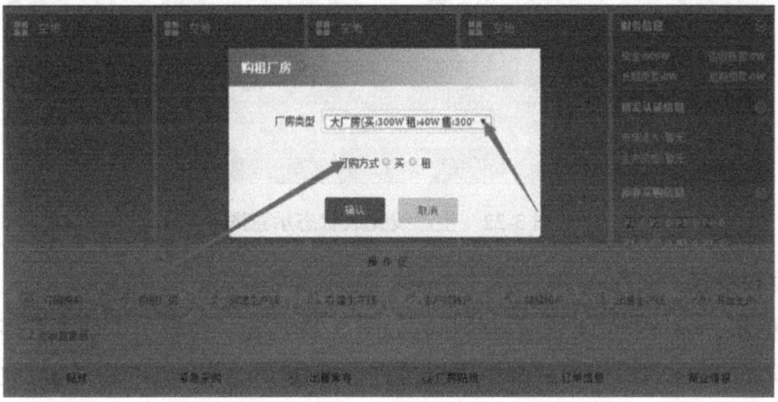


图 3-20　购买、租用厂房操作示意图

### 7. 新建生产线操作及完成状态

厂房订购成功，会在系统界面上显示，然后点开新建生产线如图 3-21 所示，可以选择生产线安置在哪个厂房，然后选择生产线类型、生产线固定生产什么类型产品。

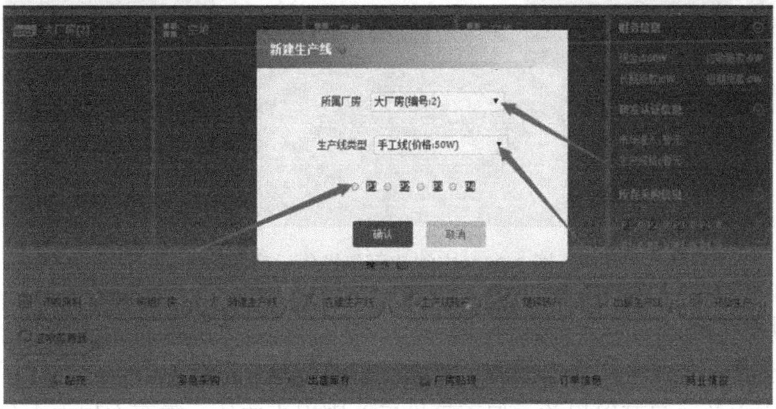


图 3-21　新建生产线操作示意图

生产线点完新建后，如图 3-22 所示，生产线上会显示已经投资几个季度，绿色代表已经投资的季度，灰色代表未投资的季度。

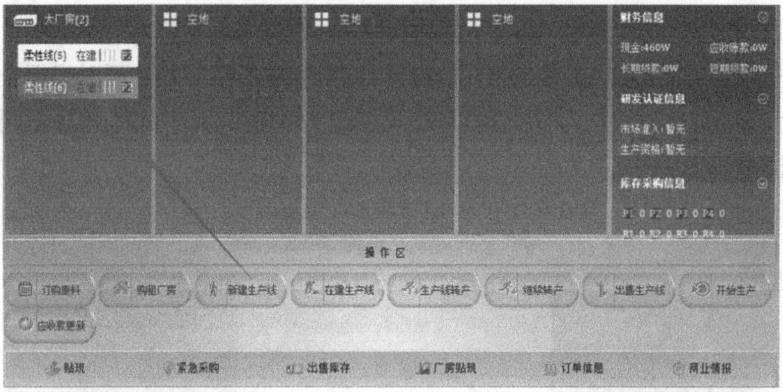


图 3-22　生产线完成状态示意图

**8. 应收款更新**

应收款更新，是一个关闭按钮，点开后如图 3-23 所示，会显示本季度有多少应收款可以进账。更新完，前面的操作项目都不可以再进行操作了，所以一定要在进行此项操作前，与财务信息进行核对。

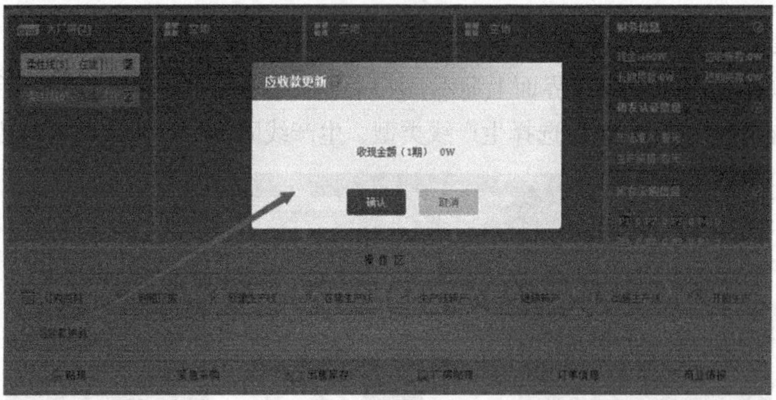


图 3-23　应收款更新操作示意图

**9. 按订单交货**

按订单交货，企业生产完产品后，要进行手动交单，系统不会自己进行订单交易。不按照规定季度交单（只可以提前，但不可推后）则视为违约，需要在年末支付违约金。

**10. 厂房处理**

厂房处理是指租转买、退租等行为，企业根据自己的发展，来进行选择厂房的决策。有关处理如图 3-24、图 3-25 所示。

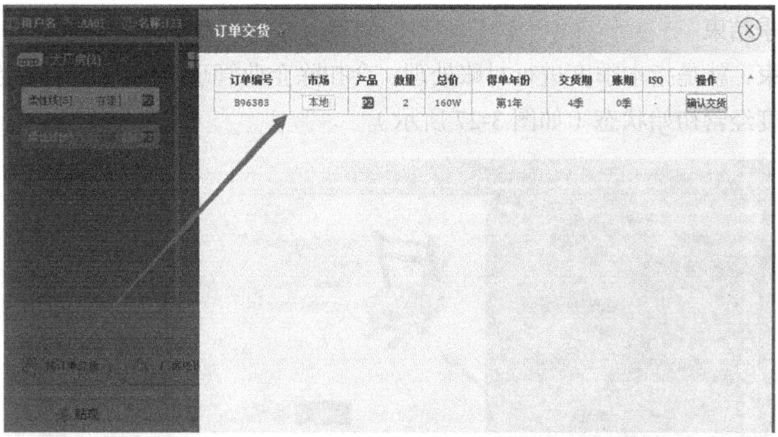


图 3-24　按订单交货操作示意图

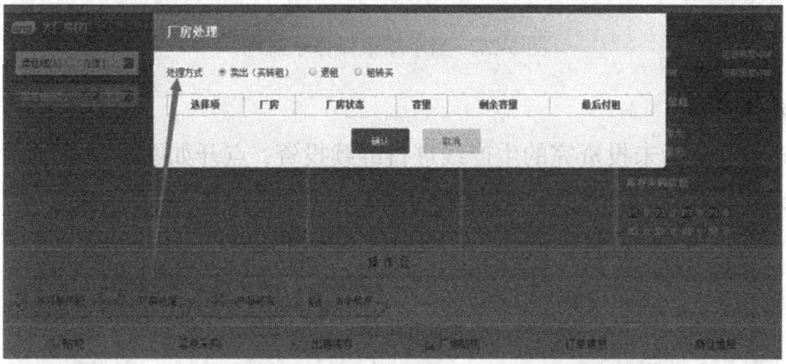


图 3-25　厂房处理操作示意图

### 11. 产品研发

产品研发，企业根据营销战略抉择来进行产品研发投资，在相应产品前的选择项勾选，点确定即可（如图 3-26 所示）。

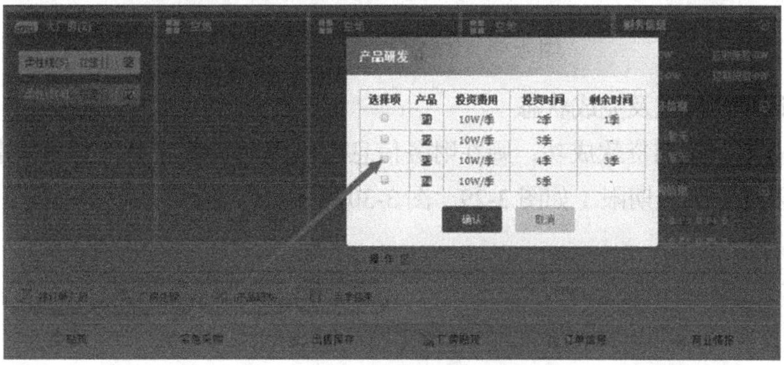


图 3-26　产品研发操作示意图

### 12. 当季结束

当季结束，就是指本季度进行封账处理，会扣除企业管理费用等。点确定后，则进入企业下一季度经营初始状态（如图 3-27 所示）。

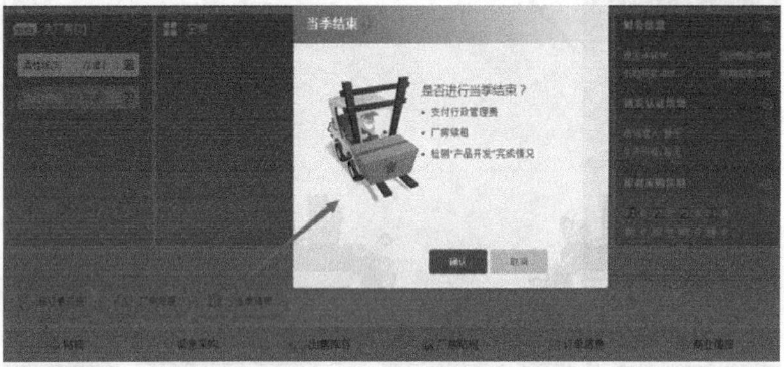


图 3-27　当季结束操作示意图

### 13. 在建生产线

在建生产线，是指未投资完的生产线进行继续投资，点开如图 3-28 所示，在复选框进行勾选，点确定则完成本季度生产线投资活动。

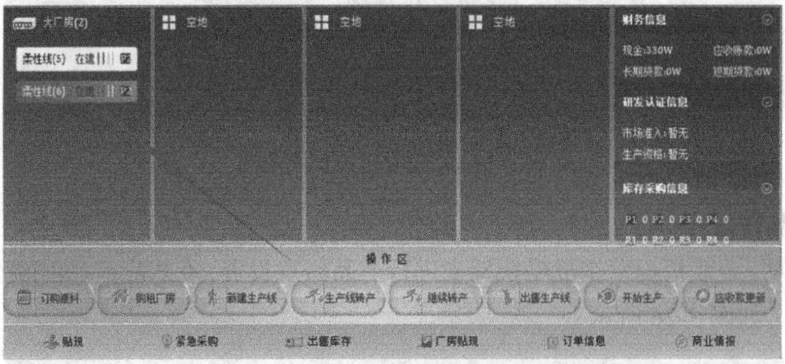


图 3-28　在建生产线操作示意图

### 14. 申请短期贷款及完成状态

如果企业申请短期贷款成功，则在财务信息栏里短期贷款项目，会显示申请的额度、申请时间以及还款剩余期限（如图 3-29、图 3-30 所示）。

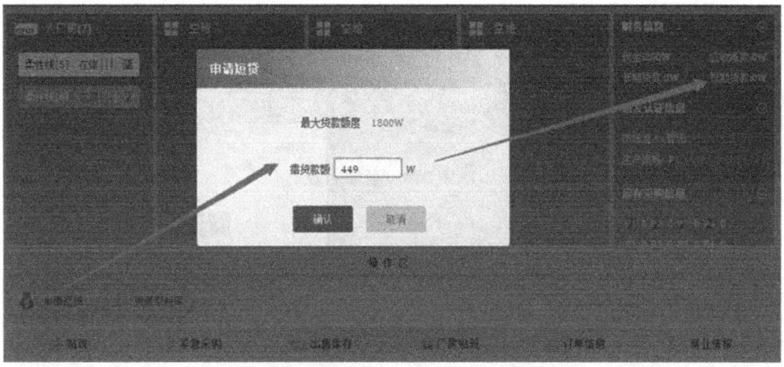


图 3-29　申请短期贷款操作示意图

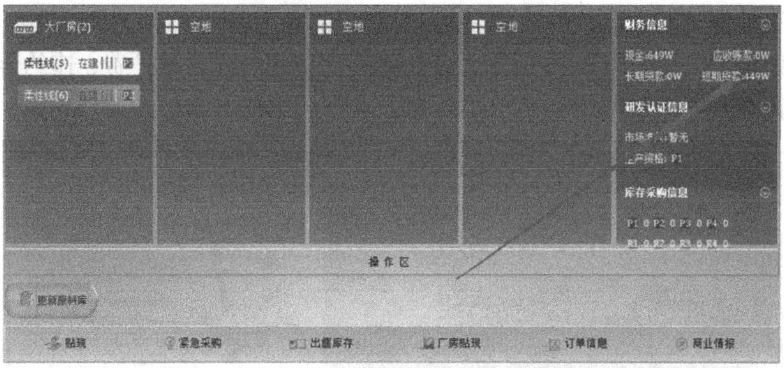


图 3-30　短期贷款状态示意图

**15. 市场开拓**

生产制造型企业以市场销售为王，市场开拓就是进行市场研发投资，开发完成后领取相应市场资格证书，可以准入市场销售产品（如图 3-31 所示）。

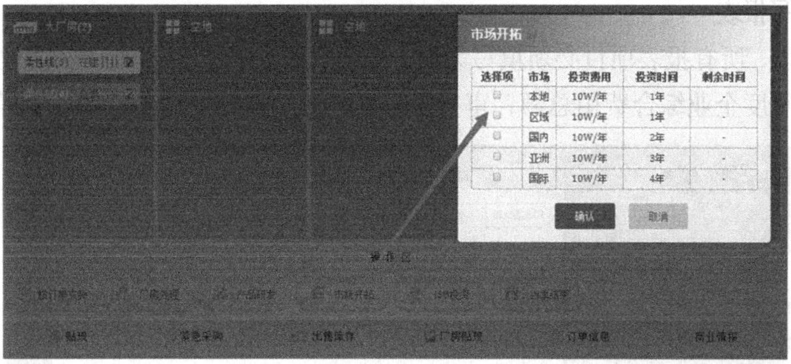


图 3-31　市场开拓操作示意图

**16. ISO 资格认证**

ISO 资格认证，可看作产品质量认证，根据企业发展规划进行选择，一切以客户的订单要求为最高标准（如图 3-32 所示）。

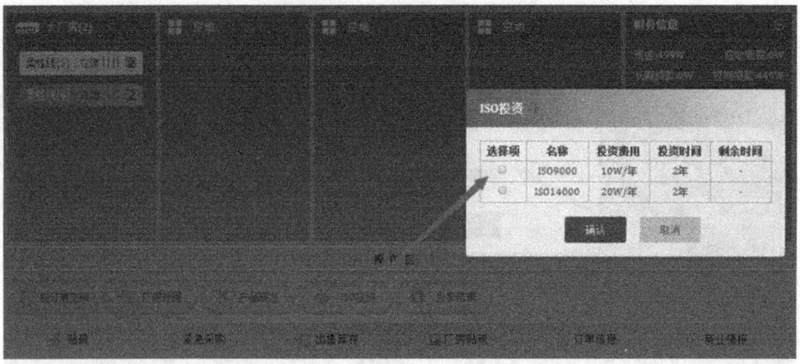


图 3-32　ISO 资格认证操作示意图

### 17. 当年结束

当年结束项，点开如图 3-33 所示，会扣除管理费用、设备维护费、违约金等，即为企业本年度封账。

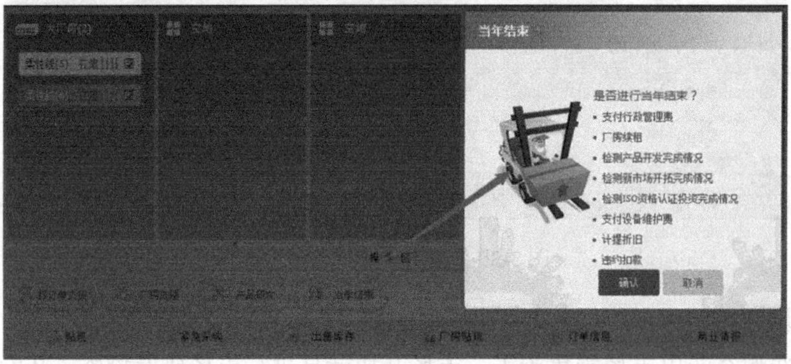


图 3-33　当年结束操作示意图

### 18. 填写报表

填写报表，所有报表项目必须填写无误。综合费用表如图 3-34 所示，通过综合费用表可以得知本年度企业综合费用总额，审查分享费用是否合理，进行节流，提高企业利润。

图 3-34　综合费用表填写示意图

利润表可以核算出本年度盈利情况，审查分析影响利润因素，采取措施进行开源节流，扩大企业综合利润（如图 3-35 所示）。

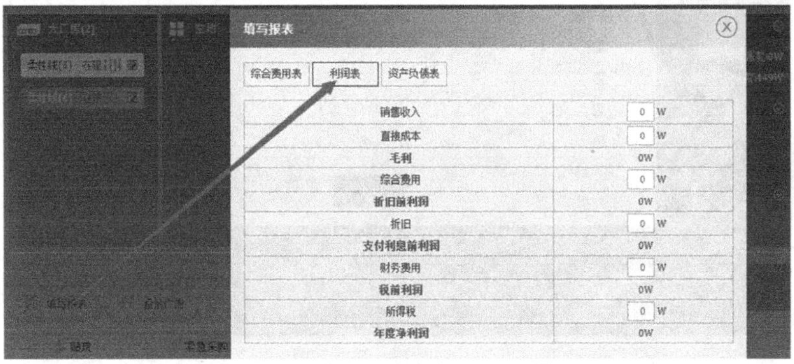

图 3-35　利润表填写示意图

资产负债表，显示企业资产、负债以及所有者权益整体情况，可以分析并采取措施，合理筹资，提高筹资的效益，发挥财务的杠杆作用（如图 3-36 所示）。

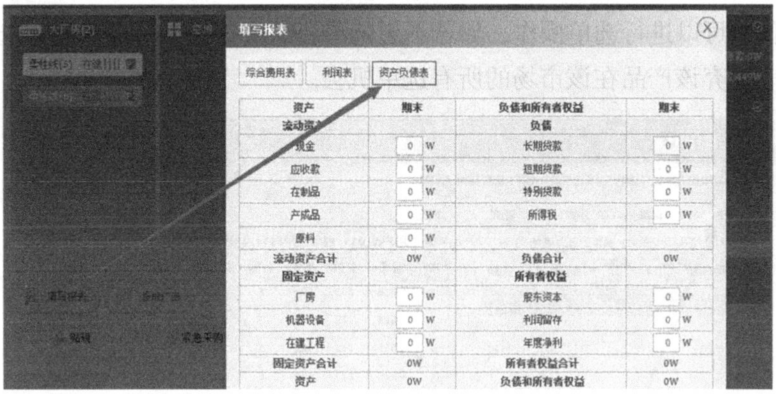

图 3-36　资产负债表填写示意图

**19. 投放广告**

市场开拓成功后，则代表有资格进入市场销售产品，为了拿到订单，需要进行市场广告投放。市场广告投放如图 3-37 所示，黑色字体的市场代表有权限在此市场进行广告投放，针对企业自己的产品战略选择，来投放相对应的市场广告。红色字体的市场则代表该市场未被开拓成功，不能进入该市场销售产品。

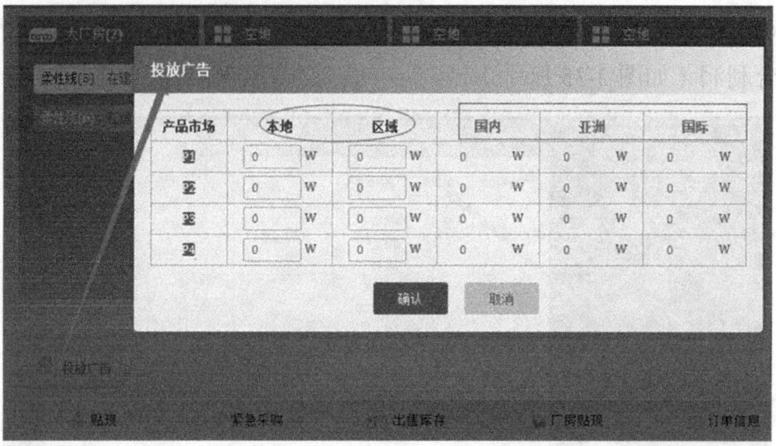


图 3-37　投放广告操作示意图

**20. 选单情况**

投放市场广告后，裁判统一开放订货，切记要点开相应的市场才会如图 3-38 显示，例如点开本地市场才会出现本地市场的订单情况：点开区域市场才会出现区域市场的订单情况。箭头 1 代表可以进行选单操作，如若不想选单，箭头 2 代表可以点放弃选单，一旦选择放弃则代表放弃该产品在该市场的所有选单机会。

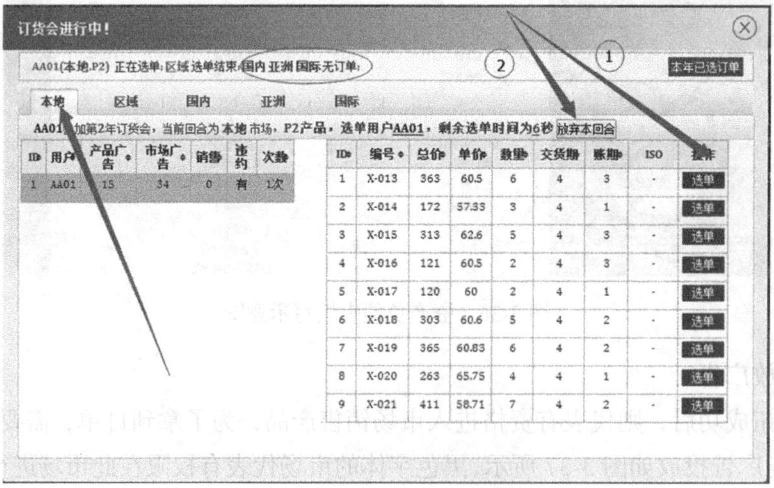


图 3-38　选单操作示意图

**21. 开始下一批生产**

开始下一批生产，就是进行生产产品操作，可以看做加工产品（如图 3-39 所示）。

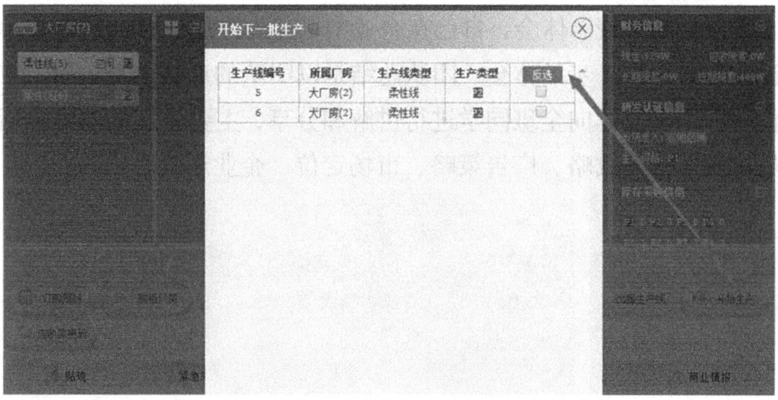


图 3-39　开始下一批生产操作示意图

### （三）实训成绩的评定

实训结束后，每个小组都会有一个实训成绩，按照总成绩的排名来确定实训成果，但是实训成果并不能充分反映学生的真实学习情况。虽然有的组破产了，但是在运营过程中，小组成员可能一直积极参与，从实训过程中领悟到很多经营的真谛，所以下面给出一种较为科学的成绩评定方式，以供参考。

实训课成绩=实训成果（60%）+学生表现（10%）+总结（30%）

#### 1. 实训成果

此次实训中可以把学员分成若干组，每组 5～6 名成员，分别代表不同的公司，每个小组的成员分别担任公司中的重要职位：CEO、CFO、市场总监、生产总监和采购总监，如果成员为 6 名，还可以设置 CFO 助理等职务。各公司属于同一行业的竞争者，初始资源相同，大家在相同的竞争环境下进行一番真正的较量。最后根据企业的所有者权益、综合发展系数等对各个企业进行综合排名，得出实训成果。

实训成果=所有者权益×（1+企业综合发展潜力/100）–罚分

企业的综合发展系数计算方法参见本情境任务一中电子沙盘中企业运营规则的竞争排名部分。

#### 2. 学生表现

各企业中是否岗位分工明确、各司其职、团队合作程度、每个成员的参与程度和出勤率，以及各种表格如运营表、综合费用表、利润表、资产负债表、现金预算表、采购计划表等的填写，都可以列为学生表现的评价。每个企业内部评选出最佳员工，可以在学生表现这部分进行加分。

#### 3. 总结

总结包括个人总结和团队总结。个人总结是实训结束后每个同学上交一份实训报告，总结一下这几天自己的表现、体会，自己在企业中所起的作用以及通过企业模拟经营的运作对哪些理论知识有了进一步的体会。团队总结是以团队的形式上交一份 PPT，在全班总结时由团队代表利用多媒体向全班同学进行讲解和分享，主要分享的内容包括本企业的企业文化、成员构成、整体战略、广告策略、市场定位、企业运营得失等。

# 项目四

# 竞赛实战经验分享

## 任务一 ERP 沙盘模拟经验之总经理（CEO）篇

### 一、CEO 的企业灵魂作用

CEO 作为一个企业的灵魂人物，必须要对企业各方面的状况了如指掌，如财务、生产，尤其是市场。而在决策上，当组员个人在企业发展方针上出现异议、争论无果时，CEO 就要发挥他的领袖价值——根据自己对市场的判断做出决定，以免争论时间过长导致超过时限。CEO 要跟各个总监进行数据核对，做到输入的零失误。可以说，CEO 既参与到每一个环节，还要把握企业的发展方向，运筹帷幄，同时也作为队员之间沟通的桥梁，把各个人串联起来成为一个团队。

### 二、CEO 的战略全局观

沙盘模拟设计思路充分体现了企业发展必然遵循的历史与逻辑关系，从企业的诞生到企业的发展壮大都取决于战略的设定。这就要求 CEO 必须在谋求当期的现实利益基础之上做出为将来发展负责的决策。CEO 必须要承担的历史责任，就是运用长期的战略思想制定和评价企业决策。作为企业的 CEO，责任重大，自己的一个小小的失误就可能造成整个团队全局的失败，因此，CEO 应尽自己的努力对各个方面做出相应的推算与准备——为“6 年”的运营过程做准备。

战略思维是指一个企业的 CEO 指定的企业发展方向，是一个很概括、不好度量的概念，作者通过近几年的研究，认为战略思维是从始至终都应该对组织成员的意识和行动有所把握，即从整体上来思考问题，远比各管一摊有效率得多。

另外，如何建立一个企业的战略也是一个相当重要的问题，不可以被无视。企业长期发展的“当期”意识制约管理者战略纵深思维的形成，对企业的持续发展和长期利益构成直接伤害。现代优秀的 CEO 必须树立基于现实的未来意识，也就是长远发展的大局观，因为只有 CEO 的价值得以体现，其所经营的企业才能持续发展，取得最终的胜利。

## 三、CEO 的战略准备

在每年度运营的规划会议上，CEO 和全体组员都要坐下来一起讨论制定企业的发展战略，组织其他成员做好市场情况分析及做出市场毛利图，同时建立市场、产品、时间的模型，为以后企业的整体发展方案和市场广告做准备。

### （一）研究

**1. 研究规则、市场预测、生产投资回收期**

企业的决策全部都要在规则下制定，同时更需要符合市场的需求，因为企业的生产经营期为 6 年，那么如何投入生产线及产品？企业需要先弄清投资回报率和投资回收期。

**2. 研究竞争对手，分析自己**

弄清对手的发展状况，确定谁是真正的对手，同时给自己定位。

### （二）分析

**1. 产品**

产品专业化（选好毛利比较高的产品，企业可以做到重点生产某种产品或是只生产某产品）：选好自己的主打产品，做好品牌。

**2. 市场**

市场专业化（集中化）：某种产品对应某个市场，做好（产品、市场、时间的三维坐标体系）看好某重要市场。做好市场老大，也是比赛中稳定的好方法。

市场全面化：开发市场全面可以选择所有市场，但是同样做好产品-市场-时间的三围坐标体系，看相关市场是那种值得投资的市场，那样能获得更好的利润。

**3. 融资渠道**

贷款（长/短/高）：贷款和权益有关，一般来讲长贷用于生产线投资、产品研发，短贷用于维护生产和生产周转。（注：不到万不得已不要借高利贷）

贴现：做好预算，尽量做到不贴现，贴现的费用很大，还会因为应收款的问题导致恶性循环。

生产线的安置：开局根据市场来确定生产，再根据生产总监的安排和财务总监的预算来制定怎么安放生产线。

## 四、CEO 的战略制定

在制定战略之前做完了战略准备，一定和市场总监讨论沟通，因为市场分析是最重要的环节，所有的策略、方案都是根据市场来制定的。市场决定方案，而不是方案决定市场。所以准确全方位的分析才是方案制胜的关键。

CEO 配合市场总监分析市场，通常通过量、价、时、空四个要素来全方位分析。

量——市场需求量。需求量决定了自身产品能否销售出去，所以要学会以销定产，来变化产品组合。

价——销售价格（产品利润）。产品的利润决定了自身的毛利，所以，在制订方案中，必须对每种产品每个市场的利润进行准确分析。营销总监有目的性地去投放广告额度，来获取更多销售和更大利润。

时——产品出现时间。ERP 沙盘 6 年中，每一种产品，在每一年里的走势是不断变化的，所以要准确地抓住产品特性走势，从而使销售更加符合市场走势。

空——产品空白区域。这是分析市场最关键的一个要素。因为要想在方案中胜于其他人，必须要学会分析市场空白区域在哪里？

某产品的价格高、需求量大，是最表面、最基础的东西，大家都能看到的东西，那么走这个方案的人，肯定出现撞车现象，这与资本市场谚语——“众弃我取”，当别人贪婪的时候，请选择放弃，是同样的道理。学会抓市场空白，作为辅助就是这个道理。例如：2016 年高职国赛中 P4 以 P1 为原材料的规则，最后一年 P4 价格还算不错，利润达到了 70M（120–50），但是由此使得 P1 产品形成极大的市场空白。而 P4 的利润虽然为 70M，但是由于是吞掉 P1 产品，所以要减去 P1 产品的利润，即 70–30=40M，而当年 P1 产品的价格在 49 左右。所以狠投广告去卖 P4 与很少广告卖出 P1 的效果几乎一样。所以，在销售中，必须要有市场空白的辅助产品，目的就是产品零积压、材料库存零积压。由此不占用现金流，并且最大可能地提高利润，来增长权益，为企业后续发展打下基础。

ERP 里有多种经济战略，合适灵活的战术创新往往是一个学校能不断取胜的灵魂，举几种常见战术。

压制型。顾名思义，压制对手。从开场做起，最大限度地利用权益贷款，封锁本地市场最大利润销售线，利用长期+短期贷款大力发展生产与高科技路线，给每一个市场都施加巨大压力，当对手气喘不过来也开始贷款时，利用他们的过渡期可以一举控制两个以上的市场，继续封锁销售路线，逼迫对手无法偿还高息而走向破产。此战术不可做任何保留，短、长期双向贷款为的就是广告+科技+市场+生产线能最早成型，走此路线建议一定要争取第 1 年和第 2 年的市场老大，巨额贷款的利息让人汗颜，无法控制市场取得最大销售量就等于自杀。

跟随型。这种企业只有一个目的：不破产。等机会在竞争激烈化后收拾残场，这样的企业一般不会破产，也不会拿到第一。在产能上要努力跟随前两者的开发节奏，同时内部努力降低成本，在每次新市场开辟时均采用低广告策略，规避风险，稳健经营，在双方两败俱伤时立即占领市场。此策略的关键：第一，在于一个稳字，即经营过程中一切按部就班，广告投入，产能扩大都是循序渐进，逐步实现，稳扎稳打。第二，要利用好时机，因为时机是稍纵即逝的，对对手一定要仔细分析。

保守型。前 4~5 年保住自己的权益不降，不贷款，小量生产，到最后一年全额贷款，开设多条生产线，购买厂房，把分数最大化。

忍辱负重型。这样的企业有多种分歧，有的在前期被压马上贷款转型，占据新开发的市场来翻盘；有的只研制 P1，尽量省钱在国际市场开放后一鼓作气垄断 P1 市场争取最大销售额；有的直接跳过 P2 的研制，从 P1 到 P3 转型，用新产品抢新市场份额；更有甚者忍 3 年，后期用纯 P4 占取市场最大毛利翻盘。这样的企业在前两年举动十分明显：不发展新产品但增加生产线，或者不抢市场份额而利用贷款增加生产线走高科技路线，此时便要时刻留意他们的发展，因为他们远比光明争夺市场的人更具威胁性，必须要在他们爆发的那个时期控制住他们。

## 五、CEO 的战略实施

在战略实施的过程中，CEO 要做到胆大心细，开源节流，平稳心态，审时度势，随机应变，全盘分析。古人云："逆境生还者，众人敬之也"。但一个好的开局开始是对结果起决定性作用的，广告绝不吝啬。敢于实施勇气，不给对手任何机会。

### （一）审时度势，随机应变

在 ERP 沙盘 6 年的经营过程中，会遇到很多预料不到的突发事情，比方说接单不好，策略撞车，自身失误，电脑卡机等原因。并且同样的开局，如何才能优于他人？那就要学会，用一样的钱来办更多的事情。例如 2014 年高职国赛，扩大生产线，懂得通过灵活长短贷款来降低财务费用，提高税前利润，而假如策略撞车（一种产品竞争激烈）后，通过开局的柔性线及时转产，将库存降至为 0。提高销售额，从而提高毛利，因为产品只要卖出就会有利润存在。切记继续硬着头皮生产，造成产品积压，因为会导致恶性循环。

### （二）正确的领导决策

ERP 沙盘中，企业每次做出的决策对于公司的发展都起到了重要的作用。在经营过程中，企业的 CEO 起到拍板定案的作用，队友的任何建议，都应该认真听取，然后通过自身经验与详细数据计算分析，确定企业如何发展。才能获得更大利润。（例如，2014 年江西省赛中，我们采用 P1、P4 稳健开局方法，而 P1、P4 前期利润较低，P5 极高，所以我们用了 12 手开局，提高了灵活性，防止后期 P5 市场很空转向 P5 做准备。最后 P5 广告战惨烈我们依靠手工灵活转产去卖 P1、P4 转危为安。

### （三）自身零失误

在真正的大赛中，其实最大的敌人就是自己，由于比赛紧张，心理起伏波动较大，任何一个小失误，都会导致预算全部付之东流，甚至走向破产边缘，例如接单失误、产能计算出错、原材料采购出错、广告投错市场、忘记转产等。（在2014年江西省赛中，由于自己的失误，产能预算出现差错，记错了交货期，造成紧急采购产品去交货，导致没有获得第一名，所以自身零失误是沙盘取得好成绩的最大保证。）

### （四）组间成员的配合

作为CEO要确保每个成员的有效沟通，市场总监打多少广告抢多少订单，不仅要看生产总监有多大产能，还要看财务总监有没有这么多钱支持生产。这也是ERP和MRP的区别。每年开始生产之前要做现金流预算。采购最好实现零库存，不然会占用现金流。ERP沙盘中CEO最主要的责任，就是把全组人拧成一股绳，让每个人在自己的位置上都可以充分发挥自己的力量，团结是ERP沙盘模式中最重要的，只有全组人团结在一起，才可以在沙盘演练中处于不败的位置！

## 六、CEO的注意事项

笔者接触过用友创业者沙盘、用友商战沙盘、ITMC企管沙盘及金蝶沙盘，不难发现，这些沙盘基本都是通过角色分配，进行从贷款、购置固定资产、采购、生产、销售、交货，最后收款、提取利润的模式流程。对于一个企业，这些是不可缺少的，但是如果要将沙盘做到更好，笔者觉得还应该做到：首先，市场总监根据市场预测，计算出每个市场每种产品的毛利，看看哪个市场哪种产品的毛利高；然后，大家一起讨论选择研发哪种市场的产品，并且开拓这些市场，争取做市场老大！

### （一）销售计划的设定

一个好的销售计划一定是符合企业自身的特点，适用于本企业发展现状的计划。

设备投资与改造是提高产能、保障企业持续发展的策略之一。企业进行设备投资时需要考虑以下因素：

市场上对各种产品的需求状况；

企业目前的产能；

新产品的研发过程；

生产线的投放、投资分析；

新建生产线；

用于生产何种产品；

资金来源问题。

### （二）如何把握 ERP 的真正时机

企业资源计划是指在企业资源有限的情况下，如何去整合企业可利用的资源，使之在提高企业竞争力的同时，也使企业的收益最大化。在用友 ERP 沙盘对抗赛中，要做好所经营的虚拟企业的资源计划，就需要对企业的整体资源做出长远的计划。因此，在财务方面一定要做好现金预测，这对 CFO 及其助理提出了更高的要求。CFO 需要做好企业资源计划，是基于战略发展的需要，战略方向确定后，CFO 就要开始这一工作。那么如何做好战略这一基础工作呢？不能凭 CEO 拍胸脯、敲大腿的决定去做。

第一，能否搜集到必要且准确的市场信息是企业战略制定和执行的关键。

尽管很多竞争对手都身受竞争环境的困扰不得解脱，但没有想经营破产的企业。每一家企业都在尽量搜集自己能掌握的信息，并对自己所掌握的信息进行筛选，再做对手的现实战略分析和未来发展方向的判断。所以当各家都认识到经营企业不是闭门造车时，都想看别人是怎么造“车”的，也都想保持自己的战略秘密，能遮能掩的操作就是不让对手看到，就算经营的是财务信息相对透明的大企业，遮掩并不违规啊，财务信息公开在年末，等年底真地糊弄了对手，让对手做出了错误的判断，对于自己就是一场胜利。所以做好这项工作，不是件容易的事，需要掌握最新的市场信息，把握竞争对手非常细微的动作。比如在年末公布企业经营情况时，就要及时掌握竞争对手的在建工程及产品原材料订单等数据，这样就会对下一年对手期初用哪条生产线生产哪种产品做出判断。这样会尽量避免与对手在下年初同一市场上广告的拼杀。在模拟的场景中，每个市场的需求量是不变的，不断变化的是满足需求时各家的最终决策。每一项决策的最终拍板并不像赌徒把钱压在“宝”上一样，若那样，付出的代价太大，认识到代价惨重时，后悔也来不及了。所以“宝”还是要压的，但胜算不是 50%，而是要有 90%的把握。

第二，做好团队管理是管理团队成功的基础。

没有完美的个人，却有优秀的个人，因为优秀的个人才有完美的团队。实现团队协作是参赛团队所追求的目标，然而这一目标远非说和想那样轻松。团队成员的默契若想在短时间内实现，就要在不断的冲突中充分用实践去证明自己的观点是禁得起考验的。假设财务经理对生产总监和市场总监以及采购总监的行为不做出判断，当他们需要费用时就给，情况很快就会严峻起来，从中也可以说当此种情况发生时更多是其他部门对严峻未来的慎重思考所致。ERP 更多地是教我们如何去做企业资源的计划，而不是做想通过某种侥幸获得意外的收益。

## 七、个人 CEO 感想和参赛回顾

### （一）个人感想

我个人学习沙盘近 3 年，练习中主要担任 CEO。我发现，职务区分不是那么明显，每个人都可以做其他人所有的事情。所谓的职务区分可能就是他的侧重点不同，然而在这个团队运营的时候，除了你自己要清楚做说明，也要清楚别人在做说明。作为一个 CEO，你要做的不仅仅是看他们怎么做，你最大的任务是决策。做好决策的前提是，你必须了解团队中的每一个人都在干什么。如果他们之间的沟通不够，那么这时 CEO 就应该站出来。及时告知生产总监财务的状况，不可以盲目地扩建生产线，以免现金断流。及时告知营销总监财务的状况，尽量减少广告支出。及时告知营销总监产能的情况，不要拿过多的订单以免违约。及时告知生产总监原材料的情况，安排出最佳的生产方法，及时交单，回笼资金。及时告知采购总监财务的状况，合理地采购一些原材料，使得生产总监可以安排生产。

团队中每个人的关系都很密切。基本上，每个人做的事情都会与 1~2 个人相关联，也必须通过别人的信息才能继续开展业务。如果一个队员不与其他人沟通，那么就很容易出现大的问题。

团队已越来越被当代企业所重视，团队的作用也日益显现。一个良好的团队能完善企业的经营管理。比赛中团队中的 5 名成员，在整个经营过程中必须同心协力，相互信任，共同关注企业的每一步发展。各个主管先管好自己的作业，把作业预算拿出来，在会议上大家讨论，一起通过，这样，每个生产链都可以预见，每个生产部分为整体而存在，最终形成一个完成的生产线，每次决定最后都由 CEO 做出。相互监督，互相提醒。正所谓，没有完美的个人，只有完美的团队。

**（二）参赛回顾**

回首一路走过的 ERP 大赛，每次比赛都是百般变化的，在这里没有什么模式可以照般，小小沙盘蕴涵了每位参赛选手的智慧，同时也贯穿了《财务管理》、《基础会计》《企业战略管理》、《生产运作管理》、《市场营销》、《市场调查与预测》等有关课程知识。真正的我们的知识运用与实践过程中。大学里，ERP 沙盘陪我们走过的日子，有艰辛，有欢乐，有沮丧，有兴奋。在市场的残酷与企业经营风险面前，是“轻言放弃”还是“坚持到底”，这不仅是一个企业可能面临的问题，更是在人生中不断需要抉择的问题，经营自己的人生与经营一个企业具有一定的相通性。今后的生活中我们会发扬在沙盘中学到的精神，让自己变得更加出色！

## 任务二 ERP 沙盘模拟经验之财务（CFO）篇

### 财务的核心作用

财务是一个团队的“计划核心”，任何数据都要经过财务的精密核算才能确定可行性，所有组员都必须懂得财务知识，这样才能做到与自身职位的密切结合，研讨出更科学的方案。

CEO 懂财务（这里的“财务”指的是“财务知识”），才能掌握大局，轻松调控，明确企业目标，知道计划的哪里存在缺漏，及时改变方案。所以财务相当于半个 CEO，真正好的财务应当能够有能力独立完成所有的企业财务内容；但是当财务出现任何困难时，CEO 要能够顶得上。

市场懂财务，才能控制企业经营计划，知道企业各个阶段的资金需求量，能够有足够的现金贴现，了解企业的资金运作情况。再懂一些生产知识，并了解企业能在什么时候交出怎样的货，针对这一原则，去控制广告，竞争订单。

生产和采购懂财务，才能知道企业的资金流情况，制订合理的生产计划，在什么时候可以扩大生产，如何控制材料订单，并在这一基础上学会更加合理的订单管理方法，以现金流控制为前提，提前多采购一定数量的材料，给营销方案预留后路，走双重或多重生产营销计划。最大化地利用企业的剩余现金流。

### （一）长期贷款

长期贷款的利息是 10%，短期贷款的利息是 5%，第 1、第 2 季度贴息是按 10%计算，第 3、第 4 季度贴息是按 12.5%计算的。贴现费用计入财务费用，贴现的利息大于长短期贷款的利息，而且还有可能造成循环贴现。

如果想要做到精细的话，就要考虑以下几个方面：

（1）长期贷款总贷款额度以 4 结尾。第一年的长期贷款额度是根据方案来选择的，企业生产能力大的方案基本上都是最大额度申请长期贷款；除了第二年大规模使用租赁线外，如果长期贷款是通过最大额度申请的，一般情况下，长期贷款的申请期限分为 3 年期限、4 年期限、5 年期限这样搭配组合比较好，可减轻还款压力。例如 2 柔性线加 10 手工线的方案，3 柔性线加 9 手工线的方案，4 柔性线加 8 租赁线的方案，如果是 4 柔性线，手工线加租赁线或者 12 手工的方案，是可以用短期贷款来滚动的。

（2）很多情况下长期贷款的数额与应收账款、方案有很大的关系。比如 12 手的方案在第 2 年操作好的情况下，第 3 年可以视情况加实线（自动或者柔性），这样的话，第 3 年第 1 季度可以选择多些长期贷款，因为建实线（自动或者柔性），会占用相当大一笔资金，第 4 年年初所需要的材料费会加大第 4 年的资金紧缺度，这时候就需要用应收账款贴现来还第 4 年的巨额短贷了，循环贴现，这样就无形中加大了财务费用，影响整体利润。

### （二）短期贷款

短贷为 20N 的整倍数然后以 9 结尾，短期贷款要和长期贷款合理搭配，整体减少财务费用。一般情况下短期贷款和长期贷款的比例是 2∶1，但是这也不是绝对的。2014 年高职国赛 C 赛区中山技师的方案，就做得很大胆，用短期贷款做 3 柔加 8 手，研发 P1 和 P4 产品。

### （三）贴现

贴现除了之前和长短贷的配合，要避免循环贴现。在 2014 年锦州本科组全国总决赛，阳光学院使用 3 柔 9 手方案，每年的贴现都较少，这无形地降低了营运的风险，贴现会直接影响财务费用的高低，但也不是贴现就是绝对完美的，例如现金不是很宽松的情况下，可以通过贴现去多下 2 个原材料，加大对市场选单的灵活性，以防止最后紧急采购原材料来适应订单的搭配。当然了，仁者见仁，智者见智，关于这个问题，在实际比赛中还是要具体问题具体分析。三种融资方式都必须要求财务总监能够精准地计算出资金需要量，灵活应用，互相结合。

### （四）合理避税

关于避税的问题，第一个方法是利用年末的贴现来达到避税。第二个方法是利用加大产品研发投入。选择前者，在下一年年初就可以拥有更多的现金；选择后者，既可以增加企业适应市场变化的能力，又可以加强企业综合发展潜力。

### （五）税收方面的计算

税收看似简单，但是很多人就是没弄明白税收要怎么扣除，怎么具体操作。虽然出错的概率并不大，但是是个很值得研究的地方。首先大家要理解几个专业术语的概念。

1. 税前利润：是指已经扣去综合费用、财务费用、折旧后，但未扣去税金时的利润。

2. 应纳税额：是指税前利润扣去弥补前面年份亏损的部分之后的数额。如果该数值为负，则应纳税额为 0；如不为负，则正的部分为应纳税额，需要按照规则中税的公式进行计税，需缴纳相应的税额。

3. 应交税金：指应纳税额乘以税率（按照规则规定的税率和取整方式）。

4. 净利润：指税前利润扣去应交税金后的数额（利润表中最后一项）。

5. 所有者权益：现在大家都习惯性的简称权益，指股东资本加上净利润。而税的计算主要是指应交税金的计算。而关于关于应交税金的计算，实际上最关键的是应纳税额的计算。

下面举几个例子（初始股东资本均为 600，税率为 25%，四舍五入取整）。

（1）假如第 1 年权益为 400，即净利润为–200。第 2 年税前利润为 201，则应纳税额为 201–200=1（弥补亏损），应交税金为 0.25，取整后实交税金为 0，因此这个 1 是没有交过税的，需要累加到次年一起交税。如果第 3 年税前利润为 5，那么应纳税额=5+1=6，应交税金是 1.5，取整后实交税金为 2。而如果第 3 年税前利润为 4，那么应纳税额=4+1=5，应交税金是 1.25，取整后实交税金为 1，由于实交税金大于 0，因此虽然应纳税额 5 当中由于取整后似乎有 1 没有交税，实际上在规定上是交过税的，因此，这个属于合法避税。

（2）假如第 1 年权益为 400。第 2 年税前利润为 205，则应纳税额为 205–200=5，应交税金=1.25，实交 1，并且（剩下的）1 不需要累计到下一年。

（3）假如第 1 年权益为 400。第 2 年税前利润为 201，无须交税。第 3 年税前利润是–40，则权益为 561，（不需要交税），第 4 年税前利润为 41，这时候，第 1 年亏损的 200 已经弥补过，不能重复弥补，因此只能弥补 40，那么应纳税额为 1，但是前面第 2 年还有累计的 1，因此需要交税为 1。

（4）假如第 1 年权益为 400。第 2 年税前利润为 205，实交税为 1。第 3 年税前利润是–40，则权益为 564，（不需要交税），第 4 年税前利润为 41，这时候，第 1 年亏损的 200 已经弥补过，不能重复弥补，因此只能弥补 40，那么应纳税额为 1，无须交税，但是这个 1 会累计到次年。

（5）假如第 1 年权益为 400。第 2 年税前利润为 205，实交税 1。第 3 年税前利润是–40，则权益为 564，（不需要交税），第 4 年税前利润 81，这时候，第 1 年亏损的 200 已经弥补过，不能重复弥补，因此只能弥补 40，那么应纳税额为 41，交税 10，（无须累计 1），权益为 635。第 5 年税前利润是–20，权益为 615（不需要交税）。第 6 年税前利润为 21，那么第 6 年可以弥补的只有 20，应纳税额为 1，无须交税，但是这个 1 会累计到次年（如果有第 7 年的话）。

# 任务三 ERP 沙盘模拟经验之销售（CMO）篇

## 一、市场总监的主导作用

如果把 ERP 看成战场，那么市场总监就是我们的攻击先锋。在现实中没有市场销售对于一个企业就没有利润可言，没有利润就不能维持企业的生存，更何谈发展。一个企业，让资金流不断流转才能达到获利，而对于生产型的企业让资金流回的唯一方式就是销售产品，最大化的销售产品使得资金不断流回企业用于企业生产和支出，才会使得企业能够生存发展，在 ERP 模拟中才会获得成功。

### （一）订货会选订单

在选单环节之前，我们通常会先通过生产总监计算好自己的产能，知道每个季度可以产多少个产品，是什么产品，有多少个产品是可以通过转产来实现灵活调整的。在对自己的产能情况了如指掌后，通过对于整体宏观市场预测分析市场，大概确定出准备在某个市场出售多少个产品，同时决定与之对应的广告费支出。

在所有组的广告投放完之后，我们可以通过短暂的一两分钟时间快速地分析出自己在各个市场选单的次序。这时候我们需要对比分析原来设计的产品投放安排，根据各个市场选单排名做出及时的调整，以保证自己可以顺利地实现利润最大化的销售。

在实际比赛中，经常会遇到一个很纠结的问题。大需求量的单子往往单价比较低，接了这样的单子利润比较薄，有些不甘心；单价高利润大的单子，又往往是些数量小的单子，接了这样的单子又怕不能把产品都卖完，造成库存积压。到底是应该选单价高的产品还是选量大的产品？面对这样两难的问题，我们应该根据赛场上的具体情况灵活应对。（以利润最大化为目标，一般没有特殊战略的话选择零库存。）

通常初期的时候，在大家的产能都比较大的情况下，由于前期发展的需要，建议以尽可能多的销售产品为目标。在后期，由于市场和产品的多样化，以及部分企业的破产倒闭，有可能导致市场竞争反而放宽。在这样的情况下，很多时候只要投 1M 就有可能“捡到”一次选单机会，这时“卖完”已经不是企业最重要的任务，而更多地应该考虑怎么将产品“卖好”。特别是大赛，到了后期强队之间的权益可能只相差几 M，而大家的产能每年都只能产出几十个产品，这个时候如果可以合理地精选单价高的订单，很有可能造成几百万甚至上千万元的毛利差距，这点在第五届湖南科技大学省赛和国赛的夺冠经验上可以得到很好的诠释。

最后说一说关于订单分解的一些经验。完全是经验公式，仅适用一些标准订单，比赛时候的具体情况，还要根据当时情况具体分析。通常，订单最大数=该市场该产品总需求÷（参数组数÷2）。若大于 3 或 4 则向下取整；若小于等于 3 或 4 向上取整。第二大单的数量受第一大单影响，若第一大单大于 4 则减 2；若第一大单小于 4 则减 1。

### （二）广告投放

#### 1. 该不该抢市场老大

笔者曾经在网上做了一个调查：第 1 年，你愿意花多少广告费去抢市场老大？结果是选择 80～100M 广告费的占 9.09%；选择 100～200M 广告费的占 59.09%；选择 200～270M 广告费的占 27.27%；选择 270～350M 广告费的占 4.55%。由此可见，大家普遍选择 100～200M 广告费之间。这难道是巧合吗？实际上让我们仔细算一笔账就会发现抢市场老大的成本怎么样最划算。

首先，我们先给这个市场老大为我们带来的优势做一个时间假设。经常做沙盘赛的人都知道，通常由于市场逐渐拓展和产品种类的丰富，产品需求量在后两年会大幅度增加，因此，市场老大的真正价值也就是在于前四年的市场选单。那么也就是说我们暂且把第 2 年的市场老大效应算到第 4 年的市场选单。那么意味着如果我第 1 年投入的抢市场老大的广告费为 270M，后期每年投 80 在这个市场拿两种产品的订单，那么 3 年来，在这个市场我总共投入 430M 的广告费，每年平均在这个市场的广告费 144M。那么我们就必须思考，如果我将这 144M 的广告费分散投放在不同的产品市场，获得的订单是否会优于我们抢老大的情况呢？实践证明，如果大家产能都比较少，市场竞争不激烈的情况下，144M 完全可以很顺利地将产品卖完，这时如果不经过周密的计算，狂砸猛投广告费去抢市场老大，显然是有点得不偿失的。相反在大家产能都很高，竞争非常激励的情况下，那么市场老大的优势才能逐渐被体现出来。

另外，规则里告诉我们：“市场老大是指该市场上一年度所有产品总销售额最多的队为该市场的老大，有优先选单的权利。在没有老大的情况下，根据广告费多少来决定选单次序。”于是很多人就存在了一个误区，就以为市场老大就是比谁的广告费多。其实不然，市场老大归属比较的是整个市场的总销售额，而非一个产品单一的销售量。举个例子：A 公司只有 P1 产品，而另外一家 B 公司拥有 P1、P2 两种产品，那么在选单过程中，即使最大的 P1 订单是被 A 公司获得了，但是只要 B 公司 P1 和 P2 两种产品的销售总额大于 A 公司，那么无论 A 公司投入多少广告费，市场老大仍然不是 A 公司的。这就要求我们在抢市场老大的时候，不仅只考虑靠“蛮力”猛砸广告费，更多地要考虑利用“巧劲”合理的产品结构来“偷”老大地位。

市场老大是把双刃剑，用得好了，直接一路高歌领先到底；用得不好，也很有可能赔了夫人又折兵。因此，到底要不要抢市场老大，以多少广告费抢市场老大，以什么样的产品组合抢市场老大，这些都是需要经过严密的计算然后再做博弈的。

**2. 该投多少广告费**

广告费怎么投？该投多少？这往往是在比赛训练过程中经常遇到的一个问题，很多人希望得到一个秘籍、一个公式、一个方法，可以套用，可以保证准确。其实在沙盘比赛过程中，几个队伍真正博弈交锋的战场就是在市场的选单过程中，产品的选择、市场的选择都集中反映在广告费用投放策略上。兵无定势，水无常形，不同的市场、不同的规则、不同的竞争对手等一切内外部因素都可能导致广告投放策略的不同。因此要想找一个公式从而做到广告投放的准确无误，基本上很难。那是不是投放广告就没有任何规律可循呢？当然不是，很多优秀的营销总监都有一套市场投放的技巧和策略。下面我们来一起探讨一下关于广告投放的一些基本考虑要素，从而帮助我们来更好地做好广告投放，当然还是那句话，“没有绝对制胜的秘籍”，提供的方法也仅仅给大家提供一种思路，供大家参考。

通常我们拿到一个市场预测，首先做的就是将图表信息转换成我们易于读识的数据表。通过这样“数字化”转换以后，我们可以清晰地看到，各种产品、各个市场、各个年度的不同需求和毛利。通过这样的转换，不仅可以让我们一目了然地知道不同时期市场的“金牛”产品是什么，来帮助我们做出战略决策。更重要的是，通过市场总需求量与不同时期全部队伍的产能比较，可以分析出该产品是“供大于求”还是“供不应求”。通过这样的分析，可以大略地分析出各个市场的竞争激烈程度，从而帮助广告费的制定。另外，除了考虑整体市场的松紧情况。我们还可以将这些需求量除以参赛的队数，就可以得到一个平均值。那么在投广告时，如果你打算今年出售的产品数量大于这个平均值，意味着你可能需要投入更多的广告费用去抢别人手里的市场份额。反过来，如果打算出售的产品数量小于这个平均值，那么相对来说可以少投入一点广告费。除了刚才说的根据需求量分析以外，广告费的投放有时还要考虑整体广告方案，充分利用吃透规则：“若在同一产品上有多家企业的广告投入相同，则按该市场上全部产品的广告投入量决定选单顺序；若市场的广告投入量也相同，则按上年订单销售额的排名决定顺序。”如果在某一市场整体广告费偏高，或者前一年度销售额相对较高的情况下，可以适当优化部分产品的广告费用，从而实现整体最优的效果。

特别是在投类似 20M、40M、60M 这样偶数广告费的时候，是否可以考虑一下，投偶数广告额是否有必要。通常投放偶数的广告费，目的并不是为了多一次选单机会，而是为了压制奇数倍的广告费。如果这个时候已经在该市场的广告总额上投入比较大的情况下，那么根据选单的第二条原则“广告费相等的情况下，看整个市场的广告总额来排名”，很有可能即使少10M，投了跟别的组相同奇数的广告费，也会因为整体广告费比较多而先选单。这样最终的选单效果是一样的，还可以节约了10M的费用，真是一举两得。

市场预测，先说最大单，数量应是市场总量的三分之一，第二大单比最大单数量一般少2个，然后说带ISO认证要求的，第3年就有这个要求的订单，第4年基本上每张订单都有这个要求，第5、第6年就要占到80%了。所以这两个认证很重要，能早出就早出，或许就能多拿到一张订单。在总结出每种产品每年每个市场最大单数量及毛利的情况之后，以上的问题就一目了然了。总的来说是多产品单市场战略，绝对不能做单产品多市场的战略。因为市场老大这个规则非常有影响力，第一年要多下广告，一定要抢下本地市场老大的位置；因为本地市场无论是什么产品价格都很高，与它一样的还有亚洲市场，这两个市场对于P2、P3来说更是这样，数量大，价格高，拿第一的保证，P1价格逐渐走低；后期只有一个国际市场有的赚，而P2、P3才是赚钱的主力，后期更是要狂暴P3，多卖一个P3，就多50m的毛利，而P4发展空间太小，起不到什么作用，费用还高，就不要开发的好。第2年就要出P2、P3，各位要好好考虑怎样安排生产线，是本地老大就要保持，不是就要用这两个来抢。

## 二、广告投入的技巧

### （一）市场老大

市场老大在投广告费的时候，对与需求量相对较大的产品P2或P3、P4最好投3M。以免有人偷袭你的市场老大地位，而且如果有第2次选单机会，你可以选取一张单价比较好的订单。

### （二）非市场老大

在有市场老大的市场里最好打价格差，即投广告费时以20、40、60、80为主，但是也不排除带有高广告的情况。

### （三）新市场

在新市场上，如果想要争市场老大的话，广告费必须打价格差，广告总额控制在120以上。如果不想争市场老大的话，广告费以10、20为主。

### （四）技巧

在投广告费的时候，一定要综合各个组的产能及市场老大的情况。例如，某一年，本地市场A组是市场老大，其产能是8P2、12P3、8P4，而P2、P3、P4的总需求是120、150、60，那么我们可以上市场老大会P2投10，或P3投30，或P4投10就够了。同时，经过估计，其他各组就E组能有多余的5P2，那么E组肯定是接散单，所以，我们就可以投30或40就行了。

## 三、各方面分析市场

### （一）市场角度

本地市场是兵家开局必争之地。前 3 年 P1、P2 价格上涨，4 年之后价格下滑。前 3 年可以为后期积累大量的基金，缓解贷款高利息所带来的压力。中后期可以持续经济资源。建议争夺，积压产品对前期基金短缺发展非常不利，市场老大不是 1=1 的关系，是 1=1+1 的关系，一次广告争夺成功=两次主动占据市场龙头。

区域市场，开发期短，市场需求量大，3 年后价格明显下滑，可以在前 3 年赚取足够利润后第 4 年退出。

国内市场，该市场的成型时期与 P3 产品的开始期极其接近，也正是 P2 产品的成熟期，此市场利润很大（相对 P2 与 P3 来说）。

亚洲市场，开发期长，P3 的成熟期，有 ISO 认证要求，但是利润远远大于申请认证所花费的资金。此年可以放弃区域市场的争夺而转向亚洲市场。

国际市场，P2、P3、P4 的价格平凡，但是 P1 的价格极大限度地回升，要想争此市场，至少要留 1 条 P1 生产线。

### （二）产品角度

P1，成本低，前期需求大。因为研发周期极短，所以前两年无疑就是 P1 的争夺战。

P2，成本不高，需求量稳定，材料补充快，研制周期短，倘若第一年本地市场老大位置没争夺到，可以利用提前开拓 P2 来争取区域市场老大位置。在第 3 年之后，可以由 P2 向 P3 转移继而争夺国内甚至亚洲老大位置。

P3，利润高，研发成本高，可以做为后期压制对手与翻盘的一把利剑，建议在第 3 年后主要生产 P3 来压制科技慢的企业。可以说谁控制了 P3 市场谁就能控制国内与亚洲市场。

P4、P5，研发成本极高，研发周期长，资金压力大，虽然说利润不菲，但是对生产要求很严格。

## 四、广告角度

想把商品卖出去必须抢到单子，如果小打广告小卖产品所得利润只能填补广告费与运营费用，但是贷款的利息逐年扣除，为了维护自己的权益，必须适量销售产品。

至于广告费的多少可以从多角度考虑：如果观察到对方放弃大量产品的生产而在拼命攀科技的时候，广告费不宜过大；如果发现各企业都大量屯货时，可以避其锋芒保单即可，也可以大胆压制，消耗对方的广告费，哪怕比第 2 名多投 30M，利润不在于所赚的毛利有多少，而在于与对手拉开的差距有多远，压制是一种保本逼迫对手急躁犯错的战术。（2011 年国赛东北农业大学就是靠此获得一等奖）

市场总监是一个在变化莫测的战场上的开头先锋，是否能精确掌握市场的变化，是否能抓住机会，是否能在短时间内确定最适合自身企业发展的订单，如何在变换莫测的市场中取得一席之地并最终获取胜利的必要条件。

## 任务四 ERP 沙盘模拟经验之生产和采购篇

### 一、生产的中坚作用

在沙盘中，生产是一个团队到“发展核心”联系非常紧密的环节。他们掌握着企业发展的生命——产品。生产负责生产线的建设和产品的生产。

### 二、生产的职能

对于创业者和商战来说，其采取的是信息管理系统中的企业集成化应用系统，属于企业资源计划的一种模拟形态。原材料的计算是 ERP 中的生产计划和物料管理。而对于生产总监而言，安排生产是前提，计算原材料是重点，企业间谍是极致。对于一个生产总监来说，安排生产线的生产是最最基本的能力。当 CEO 决定了企业的发展规划后，对于一个生产型企业来说，如果生产总监没有尽职尽责，造成企业生产线生产产品或者原材料的混乱，那么企业就没有办法完成订单要求的内容，就意味着要违约，而违约的后果会严重降低企业权益，这对企业发展是十分不利的现象，更会打击团队的士气。

为了使企业可以发展并且壮大起来，企业不仅能够根据产品材料组成生产产品，满足对企业最低的要求，还要尽可能多地产出产品，以最大可能利用生产线（尤其柔性线和手工线），使生产线井然有序地生产出所需要的产品是生产总监基础能力。

### 三、生产的技巧

首先，每一年，生产总监都需要根据营销总监和 CEO 给出的企业发展计划制定出相应的生产线投资，选择用什么样的生产线来进行生产。然后根据营销总监的拿单情况来合理地安排生产，而营销总监在选单时需要生产总监给出生产线的产能信息，比如说第 1 年第 1 季开始建设一条柔性线，那么到第 2 年第 1 季营销总监开始选单前，他得到的产能信息就是第 2 年第 2 季到第 4 季都可以产出一个未知的产品。最后根据给出的产能信息，营销总监才能根据生产情况选择适合企业发展的订单。这样就可以避免选择过多而造成违约的情况，这个时候就要求生产总监拥有对企业投资生产线的熟悉程度，以及对生产线产能数目的熟悉程度，生产总监尽量在营销总监选单时就排好这一年度企业的生产过程，并且对于企业来说一开始的生产线建设肯定不能是一条线，对于好几条线，特别是好几条柔性线的情况来讲就特别复杂，对于生产总监的要求很高，比如说一个企业以 P1、P2、P3、2 条柔性线、2 条自动线（产 P1 和 P2）开局时（经典开局），如果生产总监不提前计算好各种生产线的产能情况，那么营销总监选单时就会产生混乱，而造成生产线产能的浪费。营销总监有了生产线产能的具体排布情况，在选单时就有了目标和侧重点。

在安排生产时，一个重要的指标就是原材料的计算，如果原材料的计算不够精确，那么会出现以下几个弊端：

（1）占用资金链。庞大原材料的购入，会占用一部分企业运营资金，经常这样就会使企业错过很多发展机遇。比如说，没有钱去研发了，没有钱进行下一步生产了等情况，这个时候想到最多的情况就是贴现，可是贴现是要财务费用的，财务费用增多就会降低权益，这对企业发展是不利的。而我们何不在原材料上下点功夫，来节省这些财务费用呢？

（2）造成过多的资源浪费。虽然一个材料的价格不高，但是材料多了，耗用的钱就多了，这就造成了资源的滞后，材料占用太多闲置资金而无法售出只能放在仓库里的情况，这样会使企业流动资金减少。

（3）生产的条理不清。生产总监的头脑中对于原材料是混乱的概念，并不是清晰、井然有序地概念，这就造成混乱的操作步骤，而导致有时缺少了一个原材料还要紧急采购的情况，而紧急采购属于损失，是要降低权益的。这样就造成了不必要的权益流失，而我们的生产总监何不理清思路来降低这种人为操作的失误呢？

## 四、生产线的选择

一个企业想占取大面积市场份额必须能销售大量的产品，没有坚固的生产线根本无法与对手竞争，即使有单也未必敢接，造成了毁约更是得不偿失。下面介绍下我们常见的生产线。

（1）手工生产线：灵活，但是产率低，同样一年 5M 的维护费用，但是产率远远不及其他生产线。转产灵活与折旧费低是它的优势。

（2）自动生产线：产率是最高的，折旧费用适中，既使产率最大化，也让自身效益保持稳定耗损。唯一不足的就是灵活性差，转产周期长，不建议转产，可用到最后。停产所造成的损失远比转产后所取得的经济效益大。

（3）柔性线生产线：最灵活，产率最高的生产线。缺点是折旧率高，不建议多建设，准备一条转产备用即可。

生产线如何选择取决于市场，不同的市场对应不同的生产线，就要看从哪方面去抉择了。

## 五、生产的另一种身份

对于生产总监，还有最后一个非常重要的职位，那就是间谍。当前两步生产总监都可以做的十分到位的时候，也就是可以达到随机应变的程度，计算的速度能达到 5~10 分钟，这样就可以达到要求了，而比赛时，比赛时间一年是 60 分钟左右，对于如此效率的生产总监来说，剩余的时间来干什么呢？是愤怒的水果满天飞，还是各种僵尸数也数不清？或者是妖魔鬼怪，群魔乱舞？这只能削弱我们比赛的意志。我们的营销总监忙着制定相应的营销策划，财务总监忙着为企业寻找各种省钱的办法，生产总监该干些什么呢？这个时候，生产总监就需要分析对手企业的信息，为企业的 CEO 和营销总监决策提供有效的依据。由于生产总监精通生产线的分类、产能和原材料的计算。在分析现金流量表时就能发挥重大作用。可以计算对手产能，使得营销总监可以根据市场预测准确地投放广告。在获得一系列间谍后，与财务总监、营销总监进行相关的交流，就可以使彼此间的配合变得融洽，和睦。所以生产总监绝对不能浪费时间在花花绿绿的事情上面，要在间谍方面加强锻炼，提升自己为企业的发展付出自己的最大努力。

# 任务五 ERP 沙盘参赛选手感悟

## 一、回忆我大学 ERP 沙盘的点点滴滴

野狼写于 2013 年 6 月 16 号夜

省赛已经结束快半个月了，心开始平静下来，从梦中开始结束啦。从赛前对自己的充分自信，赛中的努力斗智，赛后的恍惚与激动，忐忑，狂喜。回想着大学的两年来，泪水在眼睛里打转，我不是一个轻易流泪的男孩，我的流泪几乎可以数的过来，从我开始记事以来。泪水对我来说，真的就是一个陌生的词语。

大一开始进入沙盘社团，那也是后来才加入的，别人都懂了很多，去培训不懂去问，很多人都会很不屑的回答，毕竟这样耽误了他们的培训时间，不过还好，学姐和学长没有这样的情绪，很是耐心地给我们解答。上半年的时间很快，记得第一次真正的校内赛，我是临时顶上去的 CEO，只因为我们组 CEO 没来（有其他的比赛），我带领队友开始了一天的比赛，最后下来虽没有破产，但是成绩也不尽如人意，没有进研习部。这个大一孩子梦寐以求的部，只因为会得到更多的器重，学姐学长更看好，这里面的孩子会更加的有自信。我当时还没有太多的想法，只是喜欢，因为我喜欢创业，喜欢这种在商场的拼搏，那种感觉会让我更加自信。可能这样的我有点变态。结束大一上半年的大学生活，其实说实话，真的没感觉，当时想去省赛，那儿都是高手，我就不能去了。下学期的培训更加密集，不知道我怎么坚持下来的，后来想法越来越坚定，我要参加省赛。集训快一个月，我每天都是下课就去，待到晚上快九点，每次我回到宿舍都是泡面、零食，我现在看见泡面有时候很想吃，可是等到自己吃，就恶心。都是那时候的结果，呵呵，我真是坚持下来啦。曾经

也动摇过，因为大一我说实话，很努力，可是不知道往哪方面努力，很多都是无用功。现在我站在自己的角度看是这样的，不过我要说这是每个人必须经过的。否则不可能会有后来的进步。在我动摇的时候，给学姐打过电话，至于名字我就不说了，我很感谢你，没有你在沙盘上对我的鼓励，也许我早就从沙盘协会这个家庭走了。那么后来的很多事，我也就没有机会参加，更不用说我还做了一届的会长，呵呵，真是造化弄人，感谢学姐！真心感谢！

后来经过你们的鼓励、信任、支持，参加了省赛。不过当时分组后，我就想着我们是去当炮灰的，无所谓了。我去学习经验，我明年一定会自己努力重新杀回来，自己带队杀回来，省赛最后的结果，也算是给我们一个安慰，省赛二等奖，这是我没有想到的，因为友谊赛每次都是垫底的，都是各种优秀奖。我当时想最多也就三等奖，呵呵，出乎我的意料。不过说实话，真的很是没有经验，要有今年的经验，成绩我相信会更好，那黑马不知道是不是我们啦。（我这是吹牛）不过也还算能接受，毕竟第一次参赛，虽然有很多的遗憾，不甘心。我记得当所有队友在唱歌的时候（KTV），我躺在沙发上，我想了很多，是继续坚持，还是放弃，我最后还是决定像省赛前一样的想法，我要重新杀回来，一定会的。给自己一个机会，一个不再后悔的机会。

省赛结束，开始复习。对了，忘说一句，我为了沙盘，逃过课、请过假、耽误过功课，有时候在想我要是不玩沙盘，会不会是学霸。哈哈，因为我学习很有自己的一套方法。我高考要是可以正常发挥，也不至于来到这，会有更好的学校，高考成绩出来，班主任说很差，没有自己的真实水平。呵呵，我都没有哭，没有流泪，我说这就是命吧。班主任嘱咐我很多话，我现在还记得，铭记在心。只是学习没有了从前的劲头与精力。大一最后的考试，我开始努力复习，每次走到实验楼三楼我都会回头看看实验室，感觉心里空空的，有一种难受的感觉，我给自己开玩笑，要不明年自己能让实验室开花，亮起来。呵呵。大一很快就结束啦。

大二开始，沙盘协会就交到我们手里，我们开始纳新，很多都不懂，纳新也没有经验，开始只纳新不到 80 人，很是头疼。最后还好，李宁老师，我的带队老师，真心感谢这一年的对我的信任、帮助、支持，老师开了一个宣讲会，纳新人数才达到我想要的结果。因为去年也是这个数。纳新的时候我请过假，也逃课，每次都是低声下气，因为要求人办事。我都忍了，那还不是为了一次机会，也算报答上届对我们的恩。我再苦再难，我都要坚持下去，因为我们是社团的第二届负责人，上届会比我们更辛苦、更难，所以再多的苦难我也可以坚持下来。纳新结束就是培训，很感谢李明燚学姐去帮助我们讲解，当时说真的，我们没有人敢上台讲，学到的一点皮毛都在放假时候吃到肚子里啦。那就抓紧时间来学习，我开始上台讲，说实话，水平真的很次，还好没有误人子弟。最多的一次培训，我给 180 个会员大概讲了 3 个小时，回到宿舍我真是一点话都不想说，累得无语。不过，还是坚持下来，谁让我的责任更大呢？谁也不能埋怨，牙碎了也要咽到肚子里，不能吐出来。陆陆续续的培训，会员也开始少了起来，每年都是这样，我在努力开始培训，想法设法留人。

很快大二上学期结束。

大二下学期，压力任务更大，因为要带队参加校级联赛，很多次的，包括车、吃各种问题。还是感谢李宁老师，虽然您怀孕，身体不方便，还是尽自己最大的努力来帮助我们，我真的很感动。我就想不管怎样，我都要用好的成绩来回报您，这是我可以唯一做到的，也是您最希望看到的。在各种校级联赛，我们成绩比以前好很多，不过我没有骄傲，我很能看清楚形势，不会糊涂。每次回来我都会想自己的不足，改正，看别人的资料，学习别人的想法、思路，对每一个市场和规则的反应。我很感谢我的队友，在清明节可以牺牲自己的假期，来打网赛，所以我很感动。感谢你们的支持与信任。当我得知省赛的任何消息时，我心里都会紧张，激动。我会不停地想。反过来去告诉培训的队友，以及大一的会员。我把自己知道的都告诉你们，不管你们有没有感到压力，但是我的压力一直都在，随着省赛的来临，越来越重。反过来看培训，我很多做得不好，因为我太强调成绩，也许无形给你们很多压力。省赛来临，我越来越激动、兴奋、害怕。我也不让你们看出来，装作没有事一样，张瑞说没有看出来我的紧张，哈哈，我是不是很能装。在培训中，研究方案中，有很多的不高兴，也有很多的乐趣，大家都憋在心里，其实不说，呵呵，谁不明白呢。大家都知道，都在想着省赛可以有好的成绩，这是我们所有人的目标，对于我来说，这就够了。想想我还挺自私的，为了高数考试，手机还关机一上午，直到走出考场。不知道我哪来的勇气与自信，我相信自己。

省赛抽签，呵呵，U06 这是一个神奇的组号，因为 5 月 26 日的交流赛，我们也是这个组号，呵呵，我们四个一组也是拿了第一。我的队友王松说，这是咱们的崛起，一发不可收拾，哈哈。因为在这半年的交流赛中，一直是千年老二，没有拿过第一。省赛也许给我们开了一个玩笑，这个组号给我很大的信心，哈哈。比赛出现很多的意外，包括间谍，马上没有时间了，我选择间谍时间开始时，电脑出现问题，说实话，要不是我参加那么多次交流赛，就慌了，还好一边处理，一边换电脑，最后只间谍 5 组吧。本来是 16 组的，汗死，我就和队友说咱们赌一把，要么火，要么死。哈哈，最后老天爷相信我们，火了。在第 3 年发权益的时候，我本来以为权益被别人拉开了，可是出来，我们的权益是第一，比第二多了快 200，我操作时候手在抖，我让自己平静好几分钟才重新开始操盘。第 4 年结束，抢完第 5 年单子，一天的比赛结束，还有最后 1 年在第二天，我回来就开始打开电脑，和队友一起研究间谍，发现打比赛真的很激烈，最后确定两组有竞争的，可以和我们争第一的。李宁老师打电话来嘱咐我好好休息，说放松，我研究好后，关电脑，就躺着想会出现的各种问题，居然睡着了，虽然老是醒来。早上醒来后，我更加激动，越来越激动，还好有河北的美女给我加油，鼓励，说我会成功，很感谢比赛两天她的鼓励，让我更加自信，嘿嘿。第 6 年的抢单我和齐大那组互相看着笑，哈哈，因为我们两组争第一，我虽然笑，可是心里很是谨慎，在竞单时候，我们还不错，比我预想的好，当时我就真正的笑了，因为没有出现我想的意外。不出意外，我们的沙盘成绩是第一。真的很是激动，在等成绩的那段时间，我心在跳，李宁老师还来看我们了，那么的不容易，都六七个月了吧，我想我的师弟不会恨我们吧，这样折腾老师吧。最后真的打进国赛了，这是一个属于所有为沙盘付出的朋友的时刻，我流泪了，没有让队友看到，我的队友抱在一起哭的一塌糊涂。呵呵，没有真正经历过的人，我想不会理解我们的心情，这是所有的发泄，不管曾经如何，多少的不快乐，都会在这一刻释怀。

老师很是高兴，琦姐说这是给老师的一个大礼包，哈哈。我们系领导很是高兴，书记、主任请我们吃饭，给我们摆庆功宴，我想说的是一句真心的感谢，感谢领导、老师能对我们的关心、认可。如果没有老师、领导的 支持，我们再怎么努力也不会有这样的成绩，感谢支持，我们只能再努力，再奋斗，用更好的成绩来回报这份恩情。本科国赛这是第一次，高手很多，我们会竭尽全力，争取夺得荣誉。

说实话，我的压力释怀了，因为能有一个最基本的交代。最起码我在去年省赛的时候给自己的信念，让我实现啦。还有能给队友一个交代。在这里很感谢所有支持我的人，没有你的默默支持，不会有现在的小小成绩，也感谢曾经质疑过我的人，没有你们，我不会坚持到现在，我始终认为用成绩来回报质疑是最有力的武器。我的新的压力也来了，国赛虽然是第一次，可是我和队友也是一个更大的挑战，我和队友会顶住压力，希望再次有突破。

国赛在即，我的队友，咱们一起加油，相信自己，只有胜利，才能换来华丽的转身，回眸一笑。这才是王道，霸道。我们一起努力，继续前进，争取有更大的突破。加油！

## 二、随想沙盘之回顾青岛国赛

野狼写于 2013 年 11 月

随想，怀顾，点点滴滴……终于可以有一个周六让我躺在床上，带上耳机听着音乐，暂时抛弃所有的一切，随心所欲地放纵一次。想想走过来的一路，心里还是有那么的一点点心酸，淡淡的忧伤。还是从青岛国赛说起吧，这是我第一次站在本科的国赛，也许是最后一次，成绩却是那么的让我不能接受，我不怪任何的队友，我可以说是我没有做好我该做好的一切。我只想说，当时的我，不是水平问题，太多的问题出现了。有谁会理解我带着自己的队友，我们走过的路呢。有谁知道我熬夜看数据，为了那一次比赛的方案，有时候突然想起一个方案，我会停下复习，去演算方案呢。我到现在还是不能释怀，队友有晕车的，那么热的天气，那么多的东西，有没有考虑我队友的现状，不是回家，是比赛，需要最好的状态，不是交流赛，是我们从大一就开始梦寐以求的比赛，当我终于站在那个比赛场地，我们却失去了原来的期待和激情。我两年的努力，在那一刻却失去了色彩，我只想对于那次比赛，说一声见鬼去吧。当时的我处于自己的巅峰时刻，现在所有全然没有了味道。也终于理解某位大神给我说，为什么国赛就是去自杀式玩了。

也许这就是沙盘人的命吧，我没能去创造一个属于自己的历史，大二一年带协会，也许这是完美而有遗憾的事情吧。所有的所有都是那么的顺畅，呵呵，在比赛前，虽然都说国赛高手如云，可是我从没有惧怕过谁，可能水平会有差距，我总是认为不足以影响最后的成绩。用一种最让我没有想到的方式结束了我的国赛一等奖的梦想，我曾经多少次幻想过站在最高的领奖台。比赛前，我还给李宁老师信誓旦旦的说，我能拿到好成绩，送给她一个礼物。呵呵，到底为什么没有拿到一等奖，我不想多说，也不想解释，知道内情的人知道就好，追根溯源我是有那么的一点点的怨气的，不是怨恨队友，我怨恨什么，见鬼去吧。玩沙盘的人能有几次站在国赛赛场上，又能有几次全心身的投入进去呢？我估计我就这一次了，我不承认我输在水平上了，即使我们的赛区被称为死亡之区，不想说了，回想起比赛，我就来火。要不是李宁老师对我那么好，一直信任我，把我当弟弟对待，我真想说，去让一切见鬼，我真心不想再碰沙盘了，一个给我自信和伤心的神奇的东西，现在我又能怎么办呢？虽然换届了，我不再训练沙盘了，可是我还要一直准备着，等到有一天需要我的时候，我还是会一如既往地前进，不管前面有多大的困难和压力。即使我有再大的怨言，我也要继续奔跑，否则辛辛苦苦带起来的协会和这些孩子们，我又怎么能对得起他们呢？我又能怎么对起李宁老师的一番信任，又怎么能对得起所有支持我的老师和朋友呢？说到这里，我很感谢郭爽导员，一直尽自己的权限给我假，让我有充足的时间去处理很多事情，否则我们协会也不会有这样的成绩。还有感谢一个人，就是我的班长——王思童，大一要不是他的鼎力帮助，我也许就没有充足的机会和时间去了解沙盘，每次到大一出观众的时候，一有沙盘培训他就会给我们串当观众的时间，真心感谢兄弟的一直支持，都说一个真正的沙盘人一路走过来，需要很多人的支持与帮助。在这，我再次感谢所有给予我帮助的亲朋好友，谢谢你们。我不敢说自己是一个沙盘人，只是算一个沙盘爱好者。沙盘给予我太多，我对沙盘也付出了很多。其实玩沙盘最大的收获不是所谓的成绩，而是我认识了那么多兴趣相投的朋友，有空在群里聊天是那么的开心，大家有些虽未谋面，可是有一种莫名的感情，在一起偶尔谈论人生感想和今后走向，大家抛开本科和高职，不管一切，不管是工作，还是正在毕业，还是继续奋斗在比赛途中，是那么的开心。天南海北，全国那么多省份的朋友，你们是我最大的收获，很高兴认识我的师傅，很感谢师傅对我的帮助，也很高兴有自己的徒弟，两个妹妹，你们加油，虽然你们还在路上，我相信你们能在下次的国赛，屠杀全场，展现自己的风采，留下自己的传奇。不管如何，坚持下去，相信自己。七里、娜娜、玥，我看好你们滴，一起努力奋斗!!! 这学期所幸拿了一等奖学金，还拿了国家励志奖学金。我大三了，渐渐退下来，慢慢消失，好好学习，为自己的未来就业打算了。忙于各种考试，我也不知道到底有多大的用处，可是我除了这样，又能如何呢？心里有太多的想法已经没有机会和时间去做了，唯有埋头苦干，好好学习，抓住最后的一点时光。清空所有的荣誉，淡化所有的虚荣，平静内心，走出自己的特色，在剩下的大学日子不留下遗憾。尽量充实自己，不知道现在做的事情到底有多大的用处，既然已经选择上路，我就不会退缩。说到这里我有点难过。

也许大一的孩子你们刚进入大学，感觉我很牛的样子，可以带着你们培训，甚至在选人的时候有自己的主动权，作为一个在协会走过来的学长，我真心有辛酸。如果再次让我选择，我宁愿做一个受训者，好好努力培训，研究比赛的东西，而不愿去管这么多事情，只要做到比赛离开你就不会有好成绩，有了你就有机会有好的成绩，如果你的实力能达到这个境界，就一定会被选上去参加比赛。何必去担心很多问题呢？我真心害怕这样的环节，每次这时候我都很伤心，我不知道为什么，我哪里做的不好，为什么一涉及利益的时候，就会出现问题。一个小小的比赛，何必呢？只不过是一个比赛罢了，至于吗？我就不明白了，我既然站在那个位置，我就必须在那个角度想问题，我要考虑很多的因素，否则对所有人都不公平的。付出，要是说付出，所有人都在付出，任何人付出的都不少，我就是想把好处和利益让大家都能得到的均衡点，不能都给一个人。我敢说我至少在利益前面，我没有那么多的私心，我没有哪一件事情做的不能拿到公开场合让大家说道说道。请大家把担心放在自己的肚子里，不用有时候搞得气愤很尴尬的样子，对谁都不好，谁是什么样的人，时间久了，大家都会知道，所以吧，如果很多人对我有意见，那是我的错，要是大家都不太赞同自己的想法和观点时候，请自己反思一下，是不是太功利了，何必呢？是自己的东西就不需要抢，迟早是自己的，不是自己的，何必强求呢？顺其自然就好。我还是把友谊放在很重要的位置，所以我宁愿舍弃很好的平台和机会，也不想破坏，没必要，在我看来，还是情谊长久，一次两次比赛算什么呢？一个两个证书算什么呢？但愿我不会再遇到这样的情况，没有太多的公平和不公平，静下心来，好好反思自己，是不是有点过了呢？总之，我们所有人好自为之……

现在大二的孩子们啊，我是多么希望你们能在未来的沙盘赛场展现自己的风采，站在最高的领奖台。拥有属于自己的那一刻，只因为曾经的梦想和付出而骄傲，流下激动和释放的眼泪，我不想你们出现我曾经的情况，流下憋屈和不服，遗憾的泪水。咱们协会今年总成绩第二的好成绩，当选校级优秀社团，第二届就这样的好成绩，离不开你们的付出，也算我们这届留给你们的一点荣誉和压力吧，再接再厉。我最大的梦想就是咱们协会可以站在国赛最高的领奖台上，即使不是我，和我没有直接的关联，那一刻我也会释放。为你们自豪，和你们一块儿欢呼，历史的时刻始终是值得普天同庆的。不知道在我毕业前还能不能看到这一刻，分享这样的喜悦。感谢我的伙伴，王松、朱攀东、韩雪松，很珍惜和你们一起奋斗的日子，回想起来是那么的有滋有味；感恩我的师姐师哥，康晓晨、李明燚、寇志宇，很感动你们不厌倦地传授沙盘知识，回想起来还是那么的亲切；期待我的弟弟妹妹，陈镇威、张瑞、孟繁红、胡星，很感谢你们的支持、坚持和投入，看好你们一起创造属于你们自己的历史，对于这个我是如此的期待和关注。感谢我的舍友——王思童、吴哲明，还有我的老乡鲁国兵，经常在比赛前听我唠叨，估计耳朵都起茧子了吧，嘿嘿，特别感谢一路来的理解和帮助。

## 三、随想沙盘之黑龙江省高职省赛总决赛

野狼写于 2014 年 6 月

现在也在做兼职，代课老师，也是关于沙盘。我会珍惜这次机会，好好对待，担负起责任的。希望一切能照着自己的预想走下去，给予这次机会一个完美的答案，也算对起前辈的信任。也是对自己的一个挑战和锻炼。也全当给家里减轻负担了吧，最起码现在的课时费够自己的生活费了，比起在肯德基和必胜客勤工俭学的朋友，稍微好了那么一点吧。

现在的我大三，本来是要放弃沙盘的，似乎总是感觉玩沙盘的人，都有一个可以感动自己的故事。黑龙江省沙盘的高职省赛结束了，伴随着这次比赛的结束，我也应该结束自己的沙盘比赛道路。从去年，自己到赛场打拼，到现在的，站在赛场外，默默地期待我的小朋友们给我一个惊喜。

4 月 10 号开始每天 3 个小时的培训，不管什么天气，我从来没有迟到过，我也没有抱怨过，我只想去从零基础把你们带起来。我给自己一个挑战，也给你们一个挑战，我们的目标就是那个唯一的第一，所有的人都在努力，说实话，我想要那个第一，我要告诉曾经说是我水平有差距的人，不要再说我，不是我的问题。

如果，我可以在短时间把零基础的孩子，带到省赛第一，这和我去国赛拿一等奖是同样的挑战。这是我自己认为的。我也不怪你们，因为都在努力，时间太短，也是我做得不好。我什么都想到了，但是就是没有想到你们不听我的话，总是认为我说的话，是那么的可有可无，这也是我的问题。我说过了，你们会是我第一次这样用心带的学生，也许是最后一次了吧。今后我有机会会去代课、去培训，再也不想带比赛了。

其实，能和你们一起这么久，我很开心，也很欣慰。也感谢你们一直以来的陪伴，五一的假期，平时晚自习的培训，给我太多的感动。都说过程是最重要的，虽然不是我要的结果，但是，记住我给你们说的话，开始玩沙盘是游戏，后来是比赛，最后是做人。通过咱们这么久的坚持，你们有所收获就好，也相信这是你们成长的一个难忘的经历吧。

每个人成长的过程，都有让自己难以释怀的事情。去年青岛的国赛，我现在开始释怀，我会慢慢开始承认我的失败，确实是我的实力和水平不好。我再也不想去比赛，对于我这就是折磨。那么多沙友最近传来省赛的捷报，成功入围全国总决赛，等着我，我一定会自费去国赛找你们游玩，锦州和天津的小伙伴们，期待那时候的相遇。说好的不醉不归，说好的偶遇，这个暑假，是属于我们的时代，虽然我不能和你们一样在赛场驰骋，但是沙盘的情节一直和你们一起，对于入围国赛的小伙伴，预祝你们在国赛取得好成绩；没有比赛的伙伴们，接下来的省赛，顶住压力，拿到入场券。我在锦州和天津等待和你们相聚。

忙了那么久了，感觉好多都陌生了。我也该好好学习了，我也要做自己的事情，现在也面临就业的问题了，压力挺大的，呵呵。人有悲欢离合，月有阴晴圆缺，此事古难全。这周六，我把这个班的课上完，我就不代课了，我想好好平静下来，能每天去图书馆看看

书、学习，过好我最后的大学生活，不想再有事情来打扰我的生活。我想休息一段时间，没有奋斗，没有目标，没有压力，只有我想要的悠闲。

我的小朋友们，要是真地对沙盘感兴趣，我相信你们不会放弃，不是为了你们学校，不是为了你们主任，也不是为了我，而是因为兴趣和执着。说好的第一，欠我的第一，当你们有谁可以把第一还给我的时候，我也就释怀了。其实你们的现在，不需要有人培训，只是需要可以坚持看资料，坚持自己训练，有那么好的实验室和设备，有什么理由不去坚持呢？需要的资料，我给；没有平台，我给。其实换句话说，这也不是大学的全部，只是一个兴趣罢了。剩下的路，你们自己走。

当你们如果有幸能再次站在省赛的赛场，我说如果，我会再次陪你们比赛，只是默默地看着，没有期待，没有心情的波动和紧张。实验室留下所有人的身影，只是回忆。明天在哪里，谁都不知道。

感谢顾主任和冯博师兄的支持和信任，我没有做到让你们满意，你们一直对我特别的照顾，我会记在心里的。感谢小朋友的陪伴和坚持，给予我的感动；感谢王妤冰的理解和祝福，期待一次不醉不归；感谢我邀请的全国大神们对市场的分析，很惭愧，没有屠城，不过真心感谢你们的帮助，谢谢！不多说了，就这样吧，一切都结束，一切也都刚开始，就看自己怎么看了。

感谢一路走来，所有给予我帮助的老师、朋友。我会忘记不开心，慢慢从低落的情绪中走出来！

# 任务六 ERP 沙盘经典比赛数据分享

## 一、2014 年经典赛事数据分享

### （一）竞赛规则

#### 1. 融资

融资规则，如表 4-1 所示。

表 4-1 融资规则

| 贷款类型 | 贷款时间 | 贷款额度 | 年利息 | 还款方式 |
|---|---|---|---|---|
| 长期贷款 | 每年年初 | 所有长贷和短贷之和不能超过上年权益的 3 倍 | 10% | 年初付息，到期还本 |
| 短期贷款 | 每季度初 | | 5% | 到期一次还本付息 |
| 资金贴现 | 任何时间 | 视应收款额 | 10%（1 季度、2 季度），12.5%（3 季度、4 季度） | 变现时贴息，可对 1 季度、2 季度应收联合贴现（3 季度、4 季度同理） |
| 库存拍卖 | 原材料八折，成品按成本价 | | | |

**规则说明：**

（1）长期贷款和短期贷款信用额度。

长短期贷款的总额度（包括已借但未到还款期的贷款）为上年权益总计的 3 倍，长期贷款、短期贷款必须为大于等于 10W 的整数申请。例：第 1 年所有者权益为 358，第 1 年已借 5 年期长期贷款 506W（且未申请短期贷款），则第 2 年可贷款总额度为：358×3−506=568W。

（2）贷款规则。

① 长期贷款每年必须支付利息，到期归还本金。长期贷款最多可贷 5 年。

② 结束年时，不要求归还没有到期的各类贷款。

③ 短期贷款年限为 1 年，如果某一季度有短期贷款需要归还，且同时还拥有贷款额度时，必须先归还到期的短期贷款，才能申请新的短期贷款。

④ 所有的贷款不允许提前还款。

⑤ 企业间不允许私自融资，只允许企业向银行贷款，银行不提供高利贷。

⑥ 贷款利息计算时四舍五入。例：短期贷款 210W，则利息为：210×5%=10.5W，四舍五入，实际支付利息为 11W。

⑦ 长期贷款利息根据长期贷款的贷款总额乘以利率计算。例：第 1 年申请 504W 长期贷款，第 2 年申请 204W 长期贷款，则第 3 年所需要支付的长期贷款利息=（504+204）×10%=70.8W，四舍五入，实际支付利息为 71W。

（3）出售库存规则。

① 原材料打八折出售。例：出售 1 个原材料获得 10×0.8=8W。

② 出售产成品按产品的成本价计算。例：出售 1 个 P2 获得 1×30=30W。

**2. 厂房**

有关厂房规则，如表 4-2 所示。

表 4-2 厂房规则

| 厂 房 | 买 价 | 租 金 | 售 价 | 容 量 |
|---|---|---|---|---|
| 大厂房 | 420W | 42W/年 | 420W | 4 条 |
| 中厂房 | 300W | 30 W/年 | 300W | 3 条 |
| 小厂房 | 180W | 18W/年 | 180W | 2 条 |

**规则说明：**

（1）租用或购买厂房可以在任何季度进行。如果决定租用厂房或者厂房买转租，租金在开始租用的季度交付，即从现金处取等量钱币，放在租金费用处。一年租期到期时，如果决定续租，需重复以上动作。

（2）厂房租入一年后可作租转买、退租等处理（例：第 1 年第 1 季度租厂房，则以后每一年的第 1 季度末“厂房处理”均可“租转买”），如果到期没有选择“租转买”，系统自动做续租处理，租金在“当季结束”时和“行政管理费”一并扣除。

（3）要新建或租赁生产线，必须购买或租用厂房，没有租用或购买厂房不能新建或租赁生产线。

（4）如果厂房中没有生产线，可以选择厂房退租。

（5）厂房出售得到 4 个账期的应收款，在紧急情况下，可进行厂房贴现（4 季贴现），直接得到现金，如厂房中有生产线，同时要扣租金。

（6）厂房使用可以任意组合，但总数不能超过 4 个，如租 4 个小厂房或买 4 个大厂房或租 1 个大厂房买 3 个中厂房。

### 3. 生产线

生产线基本规则，如表 4-3 所示。

表 4-3　生产线基本规则

| 生产线 | 购置费 | 安装周期 | 生产周期 | 总转产费 | 转产周期 | 维修费 | 残　值 |
|---|---|---|---|---|---|---|---|
| 超级手工线 | 35W | 无 | 2Q | 0W | 无 | 5W/年 | 5W |
| 租赁线 | 0W | 无 | 1Q | 20W | 1Q | 70W/年 | –85W |
| 自动线 | 150W | 3Q | 1Q | 20W | 1Q | 20W/年 | 30W |
| 柔性线 | 200W | 4Q | 1Q | 0W | 无 | 20W/年 | 40W |

（1）在“系统”中新建生产线，需先选择厂房，然后选择生产线的类型，特别要确定生产产品的类型；生产产品一经确定，本生产线所生产的产品便不能更换，如需更换，须在建成后，进行转产处理。

（2）每次操作可建一条生产线，同一季度可重复操作多次，直至生产线位置全部铺满。自动线和柔性线待最后一期投资到位后，必须到下一季度才算安装完成，允许投入使用。超级手工线和租赁线当季购入（或租入）当季即可使用。

（3）新建生产线一经确认，即刻进入第一期在建，当季便自动扣除现金。

（4）不论何时出售生产线，从生产线净值中取出相当于残值的部分计入现金，净值与残值之差计入损失。

（5）只有空的并且已经建成的生产线方可转产。

（6）当年建成的生产线、转产中生产线都要交维修费；凡已出售的生产线（包括退租的租赁线）和新购正在安装的生产线不交纳维护费。

（7）生产线不允许在不同厂房移动。

（8）租赁线不需要购置费，不用安装周期，不提折旧，维修费可以理解为租金；其在出售时（可理解为退租），系统将扣 85W/条的清理费用，记入损失；该类生产线不计小分。

（9）超级手工线不计小分。

生产线折旧规则，如表 4-4 所示。

表 4-4 生产线折旧（平均年限法）

| 生产线 | 购置费 | 残值 | 建成第 1 年 | 建成第 2 年 | 建成第 3 年 | 建成第 4 年 | 建成第 5 年 |
|---|---|---|---|---|---|---|---|
| 超级手工线 | 35W | 5W | 0 | 10W | 10W | 10W | 0 |
| 自动线 | 150W | 30W | 0 | 30W | 30W | 30W | 30W |
| 柔性线 | 200W | 40W | 0 | 40W | 40W | 40W | 40W |

当年建成生产线当年不提折旧，当净值等于残值时，生产线不再计提折旧，但可以继续使用。

### 4. 产品研发

要想生产某种产品，先要获得该产品的生产许可证。而要获得生产许可证，则必须经过产品研发。P1、P2、P3、P4、P5 产品都需要研发后才能获得生产许可。研发需要分期投入研发费用。产品研发投资规则，如表 4-5 所示：

表 4-5 产品研发投资规则

| 名称 | 开发费用 | 开发总额 | 开发周期 | 加工费 | 直接成本 | 产品组成 |
|---|---|---|---|---|---|---|
| P1 | 10W/季 | 20W | 2 季 | 10W | 20W/个 | R1 |
| P2 | 10W/季 | 30W | 3 季 | 10W | 30W/个 | R2+R3 |
| P3 | 10W/季 | 40W | 4 季 | 10W | 40W/个 | R1+R3+R4 |
| P4 | 10W/季 | 50W | 5 季 | 10W | 50W/个 | P1+ R2+ R4 |
| P5 | 12W/季 | 60W | 5 季 | 10W | 60W/个 | P2+R1+R3 |

产品研发可以中断或终止，但不允许超前或集中投入。已投资的研发费用不能回收。如果开发没有完成，“系统”不允许开工生产。

### 5. ISO 资格认证

ISO 资格认证规则，如表 4-6 所示。

表 4-6 ISO 资格认证规则

| ISO 类型 | 每年研发费用 | 年限 | 全部研发费用 |
|---|---|---|---|
| ISO9000 | 10W/年 | 2 年 | 20W |
| ISO14000 | 15W/年 | 2 年 | 30W |

无须交维护费，中途停止使用，也可继续拥有资格并在以后年份使用。ISO 认证，只有在第 4 季度末才可以操作。

#### 6. 市场开拓

市场开拓规则，如表 4-7 所示。

表 4-7 市场开拓规则

| 市　场 | 每年开拓费 | 开拓年限 | 全部开拓费用 |
|---|---|---|---|
| 本地 | 10W/年 | 1 年 | 10W |
| 区域 | 10W/年 | 1 年 | 10W |
| 国内 | 10W/年 | 2 年 | 20W |
| 亚洲 | 10W/年 | 3 年 | 30W |
| 国际 | 10W/年 | 4 年 | 40W |

无须交维护费，中途停止使用，也可继续拥有资格并在以后年份使用。市场开拓，只有在第 4 季度才可以操作。投资中断已投入的资金依然有效。

#### 7. 原材料

原材料规则，如表 4-8 所示。

表 4-8 原材料规则

| 名　称 | 购买价格 | 提前期 |
|---|---|---|
| R1 | 10W/个 | 1 季度 |
| R2 | 10W/个 | 1 季度 |
| R3 | 10W/个 | 2 季度 |
| R4 | 10W/个 | 2 季度 |

（1）没有下订单的原材料不能采购入库。

（2）所有预订的原材料到期必须全额现金购买。

（3）紧急采购时，原材料是直接成本的 2 倍，即 20W/个。在利润表中，直接成本仍然按照标准成本记录，紧急采购多付出的成本计入综合费用表中的“损失”。

#### 8. 选单规则

在一个回合中，每投放 10W 广告费理论上将获得一次选单机会，此后每增加 20W 理论上多一次选单机会。如：本地 P1 投入 30W 表示最多有 2 次选单机会，但是能否选到 2 次取决于市场需求及竞争态势。如果投小于 10W 广告费则无选单机会，但仍扣广告费，对计算市场广告额有效。广告投放可以是非 10 倍数，如 11W、12W，且投 12W 比投 11W 或 10W 优先选单。

投放广告，只有裁判宣布的最晚时间，没有最早时间。即你在系统里当年经营结束后即可马上投下一年的广告。

选单时，首先由上一年该市场的市场老大优先选单，然后以本市场本产品广告额投放大小顺序依次选单；如果两队本市场本产品广告额相同，则看本市场广告投放总额；如果本市场广告总额也相同，则看上年本市场销售排名；如仍无法决定，先投广告者先选单。第一年无订单。

选单时，两个市场同时开单，各队需要同时关注两个市场的选单进展，其中一个市场先结束，则第三个市场立即开单，即任何时候会有两个市场同开，除非到最后只剩下一个市场选单未结束。如某年有本地、区域、国内、亚洲四个市场有选单，则系统将本地、区域同时放单，各市场按 P1、P2、P3、P4、P5 顺序独立放单，若本地市场选单结束，则国内市场立即开单，此时区域、国内二市场保持同开，紧接着区域结束选单，则亚洲市场立即放单，即国内、亚洲二市场同开。选单时，各队需要点击相应的市场按钮（如“国内”），某一市场选单结束，系统不会自动跳到其他市场。

**提请注意：**

- 出现确认框要在倒计时大于 5 秒时按下确认按钮，否则可能造成选单无效；
- 在某细分市场（如本地 P1）有多次选单机会，只要放弃一次，则视同放弃该细分市场所有选单机会；
- 选单时各队两台电脑同时联接入网；
- 本次比赛有市场老大（市场老大指上一年某市场内所有产品销售总额最多且该市场没有违约的那家企业，如果出现多组销售总额相等，市场老大随机产生或无老大。）

**9．竞单会**

（在第 4 年和第 6 年订货会后，召开竞单会。系统一次同时放 3 张订单同时竞，具体竞拍订单的信息将和市场预测图一起下发）

参与竞标的订单标明了订单编号、市场、产品、数量、ISO 要求等，而总价、交货期、账期三项为空。竞标订单的相关要求说明如下：

（1）投标资质。

参与投标的公司需要有相应市场、ISO 认证的资质，但不必有生产资格。

中标的公司需为该单支付 10W 标书费，计入广告费。

如果（已竞得单数+本次同时竞单数）×10 >现金余额，则不能再竞，即必须有一定现金库存作为保证金。如同时竞 3 张订单，库存现金为 54W，已经竞得 3 张订单，扣除了 30W 标书费，还剩余 24W 库存现金，则不能继续参与竞单，因为万一再竞得 3 张，24W 库存现金不足以支付标书费 30W。

为防止恶意竞单，对竞得单张数进行限制，如果［某队已竞得单张数>ROUND（3×该年竞单总张数/参赛队数）］，则不能继续竞单。

**提请注意：**

- ROUND 表示四舍五入；
- 如上式为等于，可以继续参与竞单；
- 参赛队数指经营中的队伍，破产退出经营则不算其内。

如某年竞单，共有 40 张，20 队参与竞单，当一队已经得到 7 张单，因为 7>ROUND（3× 40/20），所以不能继续竞单；但如果已经竞得 6 张，可以继续参与。

（2）投标。

参与投标的公司须根据所投标的订单，在系统规定时间（90 秒，以倒计时形式显示）填写总价、交货期、账期三项内容，确认后由系统按照下述公式计算得分：

得分=100+（5−交货期）×2+应收账期−8×总价/（该产品直接成本×数量）

以得分最高者中标。如果计算分数相同，则先提交者中标。

**提请注意：**

- 总价不能低于（可以等于）成本价，也不能高于（可以等于）成本价的三倍；
- 必须为竞单留足时间，如在倒计时小于等于 5 秒再提交，可能无效；
- 竞得订单与选中订单一样，算市场销售额。

### 10. 订单违约

订单必须在规定季或提前交货，应收账期从交货季开始算起。**应收款收回系统自动完成，不需要各队填写收回金额。**

### 11. 取整规则（均精确或舍到个位整数）

违约金扣除——四舍五入；

库存拍卖所得现金——四舍五入；

贴现费用——向上取整；

扣税——四舍五入；

长短贷利息——四舍五入。

### 12. 关于违约问题

所有订单要求在本年度内完成（按订单上的产品数量和交货期交货）。如果订单没有完成，则视为违约订单，按下列条款加以处罚：

（1）分别按违约订单销售总额的 20%（四舍五入）计算违约金，并在当年第 4 季度结束后扣除，违约金记入“损失”。例如，某组违约了以下两张订单，违约订单示意图如图 4-1 所示。

| 订单编号 | 市场 | 产品 | 数量 | 总价 | 状态 | 得单年份 | 交货期 | 账期 | ISO | 交货期 |
|---|---|---|---|---|---|---|---|---|---|---|
| 180016 | 本地 | P2 | 2 | 146 W | 违约 | 第2年 | 3季 | 0季 | - | - |
| 180011 | 本地 | P1 | 1 | 60 W | 已交单 | 第2年 | 2季 | 1季 | - | 第2年1季 |
| 180006 | 本地 | P1 | 3 | 162 W | 违约 | 第2年 | 3季 | 2季 | - | - |

图 4-1　违约订单示意图

则缴纳的违约金分别为：146×20%=29.2W≈29W；162×20%=32.4W≈32W

合计为 29+32=61W。

（2）违约订单一律收回。

**13. 重要参数**

重要参数示意图，如图 4-2 所示。

| | | | | | |
|---|---|---|---|---|---|
| 违约金比例 | 20 | % | 贷款额倍数 | 3 | 倍 |
| 产品折价率 | 100 | % | 原料折价率 | 80 | % |
| 长贷利率 | 10 | % | 短贷利率 | 5 | % |
| 1，2期贴现率 | 10 | % | 3，4期贴现率 | 12.5 | % |
| 初始现金 | 600 | W | 管理费 | 10 | W |
| 信息费 | 1 | W | 所得税率 | 25 | % |
| 最大长贷年限 | 5 | 年 | 最小得单广告额 | 10 | W |
| 原料紧急采购倍数 | 2 | 倍 | 产品紧急采购倍数 | 3 | 倍 |
| 选单时间 | 50 | 秒 | 首位选单补时 | 20 | 秒 |
| 市场同开数量 | 2 | | 市场老大 | ⊙有 ○无 | |
| 竞拍时间 | 90 | 秒 | 竞拍同拍数 | 3 | |

图 4-2 重要参数示意图

**提请注意：**

- 每市场每产品选单时第一个队选单时间为 70 秒，自第二个队起，选单时间设为 50 秒；
- 初始资金为 600W；
- 信息费为 1W/次/队，即交 1W 可以查看一队企业信息，交费企业以 EXCEL 表格形式获得被间谍企业详细信息。（可看到的信息框架结构如附件 EXCEL 表所示）。竞单会时无法使用间谍。

**14. 竞赛排名**

6 年经营结束后，将根据各队的总成绩进行排名，分数高者排名在前。

总成绩=所有者权益×（1+企业综合发展潜力/100）−罚分

企业综合发展潜力系数，如表 4-9 所示。

表 4-9 企业综合发展潜力系数

| 项 目 | 综合发展潜力系数 |
|---|---|
| 自动线 | +8/条 |
| 柔性线 | +10/条 |
| 本地市场开发 | +7 |
| 区域市场开发 | +7 |
| 国内市场开发 | +8 |
| 亚洲市场开发 | +9 |

续表

| 项　目 | 综合发展潜力系数 |
|---|---|
| 国际市场开发 | +10 |
| ISO9000 | +8 |
| ISO14000 | +10 |
| P1 产品开发 | +7 |
| P2 产品开发 | +8 |
| P3 产品开发 | +9 |
| P4 产品开发 | +10 |
| P5 产品开发 | +11 |
| 大厂房 | +10 |
| 中厂房 | +8 |
| 小厂房 | +7 |

**提请注意：**

- 如有若干队分数相同，则参照各队第 6 年经营结束后的最终权益，权益高者排名在前；若权益仍相等，则参照第 6 年经营结束时间，先结束第 6 年经营的队伍排名在前。
- 生产线建成即加分，无须生产出产品，也无须有在制品。超级手工线、租赁线无加分。

**15. 破产处理**

当参赛队权益为负（指当年结束系统生成资产负债表时为负）或现金断流时（权益和现金可以为零），企业破产。

参赛队破产后，由裁判视情况适当增资后继续经营。破产队不参加有效排名。

为了确保破产队不过多影响比赛的正常进行，限制破产队每年用于广告投放总和不能超过 60W。不允许参加竞单。

**（二）市场预测表**

需求量表、均价表、第 4 年竞拍单信息表、第 6 年竞拍单信息表，分别如表 4-10、表 4-11、表 4-12 及表 4-13 所示。

表 4-10　需求量表

| 年　份 | 市　场 | P1 | P2 | P3 | P4 | P5 |
|---|---|---|---|---|---|---|
| 第 2 年 | 本地 | 63 | 48 | 37 | 29 | 22 |
| | 区域 | 68 | 45 | 33 | 28 | 24 |
| 第 3 年 | 本地 | 59 | 48 | 0 | 27 | 23 |
| | 区域 | 63 | 0 | 38 | 25 | 24 |
| | 国内 | 71 | 60 | 50 | 0 | 0 |
| 第 4 年 | 本地 | 54 | 0 | 36 | 31 | 21 |
| | 区域 | 61 | 44 | 0 | 26 | 23 |

续表

| 年 份 | 市 场 | P1 | P2 | P3 | P4 | P5 |
|---|---|---|---|---|---|---|
| 第 4 年 | 国内 | 0 | 62 | 47 | 38 | 0 |
| | 亚洲 | 47 | 46 | 39 | 0 | 28 |
| 第 5 年 | 本地 | 55 | 47 | 35 | 0 | 25 |
| | 区域 | 59 | 43 | 32 | 28 | 0 |
| | 国内 | 34 | 0 | 42 | 0 | 27 |
| | 亚洲 | 0 | 55 | 0 | 30 | 29 |
| | 国际 | 0 | 39 | 28 | 25 | 0 |
| 第 6 年 | 本地 | 56 | 42 | 34 | 26 | 0 |
| | 区域 | 58 | 0 | 37 | 0 | 26 |
| | 国内 | 0 | 57 | 46 | 34 | 0 |
| | 亚洲 | 22 | 54 | 0 | 0 | 30 |
| | 国际 | 71 | 35 | 27 | 26 | 23 |

注：以上数据不包含竞拍数据

表 4-11 均价表

| 年 份 | 市 场 | P1 | P2 | P3 | P4 | P5 |
|---|---|---|---|---|---|---|
| 第 2 年 | 本地 | 50.43 | 71.33 | 88.19 | 126.17 | 141.68 |
| | 区域 | 50.18 | 70.78 | 87.94 | 126.54 | 141.46 |
| 第 3 年 | 本地 | 50.39 | 70.73 | 0 | 124.67 | 144.52 |
| | 区域 | 51.02 | 0 | 84.79 | 125.6 | 145 |
| | 国内 | 48.32 | 69.8 | 84.1 | 0 | 0 |
| 第 4 年 | 本地 | 47.61 | 0 | 80.83 | 116.94 | 138.76 |
| | 区域 | 46.61 | 67.93 | 0 | 115.69 | 140.35 |
| | 国内 | 0 | 67.77 | 87.49 | 117.32 | 0 |
| | 亚洲 | 51.47 | 71.37 | 79.31 | 0 | 149.61 |
| 第 5 年 | 本地 | 45.95 | 70.74 | 79.63 | 0 | 151.52 |
| | 区域 | 45.39 | 70.35 | 78.03 | 122.82 | 0 |
| | 国内 | 48.29 | 0 | 84.45 | 0 | 148.74 |
| | 亚洲 | 0 | 73.07 | 0 | 124.47 | 154.38 |
| | 国际 | 0 | 82.05 | 90.25 | 132.8 | 0 |
| 第 6 年 | 本地 | 50.91 | 80.98 | 82.62 | 129.19 | 0 |
| | 区域 | 50.26 | 0 | 83.27 | 0 | 158.42 |
| | 国内 | 0 | 68.02 | 79.98 | 132.68 | 0 |
| | 亚洲 | 57.41 | 72.09 | 0 | 0 | 160.9 |
| | 国际 | 55.77 | 82.71 | 91.26 | 118.04 | 143.78 |

表 4-12　　第 4 年竞拍单信息表

| 单　号 | 年　份 | 市　场 | 产　品 | 数　量 | ISO |
|---|---|---|---|---|---|
| 4J01 | 4 | 本地 | P1 | 3 | 无 |
| 4J02 | 4 | 本地 | P2 | 3 | 无 |
| 4J03 | 4 | 本地 | P3 | 4 | 9 K、14 K |
| 4J04 | 4 | 本地 | P4 | 3 | 9 K |
| 4J05 | 4 | 本地 | P5 | 2 | 14 K |
| 4J06 | 4 | 区域 | P1 | 6 | 9 K |
| 4J07 | 4 | 区域 | P2 | 4 | 9 K、14 K |
| 4J08 | 4 | 区域 | P4 | 4 | 9 K、14 K |
| 4J09 | 4 | 区域 | P5 | 3 | 9 K |
| 4J10 | 4 | 国内 | P2 | 5 | 9 K、14 K |
| 4J11 | 4 | 国内 | P3 | 6 | 无 |
| 4J12 | 4 | 国内 | P4 | 3 | 9 K、14 K |
| 4J13 | 4 | 国内 | P5 | 4 | 9 K |
| 4J14 | 4 | 亚洲 | P1 | 5 | 无 |
| 4J15 | 4 | 亚洲 | P2 | 3 | 9 K |

表 4-13　　第 6 年竞拍单信息表

| 单　号 | 年　份 | 市　场 | 产　品 | 数　量 | ISO |
|---|---|---|---|---|---|
| 6J01 | 6 | 本地 | P2 | 3 | 无 |
| 6J02 | 6 | 本地 | P3 | 5 | 无 |
| 6J03 | 6 | 本地 | P5 | 4 | 9 K、14 K |
| 6J04 | 6 | 区域 | P1 | 9 | 9 K |
| 6J05 | 6 | 区域 | P2 | 4 | 14 K |
| 6J06 | 6 | 区域 | P3 | 3 | 9 K |
| 6J07 | 6 | 区域 | P4 | 5 | 9 K、14 K |
| 6J08 | 6 | 区域 | P5 | 2 | 9 K、14 K |
| 6J09 | 6 | 国内 | P1 | 4 | 9 K |
| 6J10 | 6 | 国内 | P2 | 5 | 9 K、14 K |
| 6J11 | 6 | 国内 | P4 | 3 | 无 |
| 6J12 | 6 | 亚洲 | P2 | 2 | 9 K、14 K |
| 6J13 | 6 | 亚洲 | P2 | 6 | 9 K |
| 6J14 | 6 | 亚洲 | P3 | 4 | 无 |
| 6J15 | 6 | 亚洲 | P3 | 3 | 9 K |
| 6J16 | 6 | 国际 | P1 | 3 | 9 K、14 K |

续表

| 单　号 | 年　份 | 市　场 | 产　品 | 数　量 | ISO |
|---|---|---|---|---|---|
| 6J17 | 6 | 国际 | P4 | 7 | 9 K |
| 6J18 | 6 | 国际 | P5 | 7 | 无 |

## （三）数据分享

### 1. 第 1 年 3 张表

第 1 年的综合费用表、利润表、资产负债表，分别如表 4-14、表 4-15、表 4-16 所示。

表 4-14　综合费用表

| | 第一赛区 | | | | 第二赛区 | | | | 第三赛区 | | | | 第四赛区 | | | |
|---|---|---|---|---|---|---|---|---|---|---|---|---|---|---|---|---|
| 用户名 | U03 | U04 | U06 | U23 | U15 | U17 | U18 | U21 | U07 | U11 | U13 | U21 | U01 | U08 | U12 | U23 |
| 管理费 | 40 | 40 | 40 | 40 | 40 | 40 | 40 | 40 | 40 | 40 | 40 | 40 | 40 | 40 | 40 | 40 |
| 广告费 | 0 | 0 | 0 | 0 | 0 | 0 | 0 | 0 | 0 | 0 | 0 | 0 | 0 | 0 | 0 | 0 |
| 维护费 | 0 | 0 | 80 | 20 | 45 | 80 | 0 | 0 | 20 | 0 | 0 | 80 | 0 | 0 | 0 | 20 |
| 损失 | 0 | 0 | 0 | 0 | 0 | 0 | 0 | 0 | 0 | 0 | 0 | 0 | 0 | 0 | 0 | 0 |
| 转产费 | 0 | 0 | 0 | 0 | 0 | 0 | 0 | 0 | 0 | 0 | 0 | 0 | 0 | 0 | 0 | 0 |
| 租金 | 42 | 0 | 168 | 42 | 126 | 168 | 42 | 42 | 42 | 42 | 30 | 168 | 42 | 0 | 0 | 0 |
| 市场开拓费 | 50 | 50 | 50 | 50 | 50 | 50 | 30 | 50 | 50 | 50 | 30 | 50 | 30 | 50 | 50 | 50 |
| 产品研发费 | 40 | 78 | 178 | 70 | 178 | 178 | 60 | 78 | 70 | 78 | 60 | 178 | 60 | 90 | 70 | 20 |
| ISO 认证费 | 25 | 25 | 25 | 25 | 25 | 25 | 25 | 25 | 25 | 25 | 25 | 25 | 25 | 25 | 25 | 25 |
| 信息费 | 0 | 0 | 0 | 0 | 0 | 0 | 0 | 0 | 0 | 0 | 0 | 0 | 0 | 0 | 0 | 0 |
| 合计 | 197 | 193 | 541 | 247 | 464 | 541 | 197 | 235 | 247 | 235 | 185 | 541 | 197 | 205 | 185 | 155 |

表 4-15　利润表

| | 第一赛区 | | | | 第二赛区 | | | | 第三赛区 | | | | 第四赛区 | | | |
|---|---|---|---|---|---|---|---|---|---|---|---|---|---|---|---|---|
| 用户名 | U03 | U04 | U06 | U23 | U15 | U17 | U18 | U21 | U07 | U11 | U13 | U21 | U01 | U08 | U12 | U23 |
| 销售收入 | 0 | 0 | 0 | 0 | 0 | 0 | 0 | 0 | 0 | 0 | 0 | 0 | 0 | 0 | 0 | 0 |
| 直接成本 | 0 | 0 | 0 | 0 | 0 | 0 | 0 | 0 | 0 | 0 | 0 | 0 | 0 | 0 | 0 | 0 |
| 毛利 | 0 | 0 | 0 | 0 | 0 | 0 | 0 | 0 | 0 | 0 | 0 | 0 | 0 | 0 | 0 | 0 |
| 综合费用 | 197 | 193 | 541 | 247 | 464 | 541 | 197 | 235 | 247 | 235 | 185 | 541 | 197 | 205 | 185 | 155 |
| 折旧前利润 | −197 | −193 | −541 | −247 | −464 | −541 | −197 | −235 | −247 | −235 | −185 | −541 | −197 | −205 | −185 | −155 |
| 折旧 | 0 | 0 | 0 | 0 | 0 | 0 | 0 | 0 | 0 | 0 | 0 | 0 | 0 | 0 | 0 | 0 |
| 支付利息前利润 | −197 | −193 | −541 | −247 | −464 | −541 | −197 | −235 | −247 | −235 | −185 | −541 | −197 | −205 | −185 | −155 |
| 财务费用 | 0 | 0 | 0 | 0 | 0 | 0 | 0 | 0 | 0 | 0 | 0 | 0 | 0 | 0 | 0 | 0 |

续表

| | 第一赛区 | | | | 第二赛区 | | | | 第三赛区 | | | | 第四赛区 | | | |
|---|---|---|---|---|---|---|---|---|---|---|---|---|---|---|---|---|
| 税前利润 | −197 | −193 | −541 | −247 | −464 | −541 | −197 | −235 | −247 | −235 | −185 | −541 | −197 | −205 | −185 | −155 |
| 所得税 | 0 | 0 | 0 | 0 | 0 | 0 | 0 | 0 | 0 | 0 | 0 | 0 | 0 | 0 | 0 | 0 |
| 年度净利润 | −197 | −193 | −541 | −247 | −464 | −541 | −197 | −235 | −247 | −235 | −185 | −541 | −197 | −205 | −185 | −155 |

表 4-16　资产负债表

| | 第一赛区 | | | | 第二赛区 | | | | 第三赛区 | | | | 第四赛区 | | | |
|---|---|---|---|---|---|---|---|---|---|---|---|---|---|---|---|---|
| 用户名 | U03 | U04 | U06 | U23 | U15 | U17 | U18 | U21 | U07 | U11 | U13 | U21 | U01 | U08 | U12 | U23 |
| 现金 | 152 | 3 | 919 | 133 | 801 | 899 | 70 | 101 | 182 | 141 | 91 | 899 | 79 | 395 | 531 | 103 |
| 应收款 | 0 | 0 | 0 | 0 | 0 | 0 | 0 | 0 | 0 | 0 | 0 | 0 | 0 | 0 | 0 | 0 |
| 在制品 | 0 | 0 | 380 | 80 | 220 | 400 | 0 | 0 | 120 | 0 | 0 | 400 | 0 | 0 | 0 | 80 |
| 产成品 | 0 | 0 | 0 | 0 | 0 | 0 | 0 | 0 | 0 | 0 | 0 | 0 | 0 | 0 | 0 | 0 |
| 原料 | 60 | 0 | 0 | 0 | 0 | 0 | 0 | 0 | 0 | 0 | 0 | 0 | 0 | 0 | 0 | 0 |
| 流动资产合计 | 212 | 3 | 1 299 | 213 | 1 021 | 1 299 | 70 | 101 | 302 | 141 | 91 | 1 299 | 79 | 395 | 531 | 183 |
| 厂房 | 0 | 420 | 0 | 0 | 0 | 0 | 0 | 0 | 0 | 0 | 0 | 0 | 0 | 0 | 0 | 420 |
| 机器设备 | 0 | 0 | 560 | 140 | 315 | 560 | 0 | 0 | 140 | 0 | 0 | 560 | 0 | 0 | 0 | 140 |
| 在建工程 | 600 | 800 | 0 | 0 | 600 | 0 | 800 | 600 | 0 | 600 | 600 | 0 | 800 | 0 | 0 | 0 |
| 固定资产合计 | 600 | 1 220 | 560 | 140 | 915 | 560 | 800 | 600 | 140 | 600 | 600 | 560 | 800 | 0 | 0 | 560 |
| 资产总计 | 812 | 1 223 | 1 859 | 353 | 1 936 | 1 859 | 870 | 701 | 442 | 741 | 691 | 1 859 | 879 | 395 | 531 | 743 |
| 长期贷款 | 0 | 0 | 1 800 | 0 | 1 800 | 1 800 | 0 | 0 | 0 | 0 | 0 | 1 800 | 0 | 0 | 0 | 0 |
| 短期贷款 | 409 | 816 | 0 | 0 | 0 | 0 | 467 | 336 | 89 | 376 | 276 | 0 | 476 | 0 | 116 | 298 |
| 特别贷款 | 0 | 0 | 0 | 0 | 0 | 0 | 0 | 0 | 0 | 0 | 0 | 0 | 0 | 0 | 0 | 0 |
| 所得税 | 0 | 0 | 0 | 0 | 0 | 0 | 0 | 0 | 0 | 0 | 0 | 0 | 0 | 0 | 0 | 0 |
| 负债合计 | 409 | 816 | 1 800 | 0 | 1 800 | 1 800 | 467 | 336 | 89 | 376 | 276 | 1 800 | 476 | 0 | 116 | 298 |
| 股东资本 | 600 | 600 | 600 | 600 | 600 | 600 | 600 | 600 | 600 | 600 | 600 | 600 | 600 | 600 | 600 | 600 |
| 利润留存 | 0 | 0 | 0 | 0 | 0 | 0 | 0 | 0 | 0 | 0 | 0 | 0 | 0 | 0 | 0 | 0 |
| 年度净利 | −197 | −193 | −541 | −247 | −464 | −541 | −197 | −235 | −247 | −235 | −185 | −541 | −197 | −205 | −185 | −155 |
| 所有者权益合计 | 403 | 407 | 59 | 353 | 136 | 59 | 403 | 365 | 353 | 365 | 415 | 59 | 403 | 395 | 415 | 445 |
| 负债和所有者权益总计 | 812 | 1 223 | 1 859 | 353 | 1 936 | 1 859 | 870 | 701 | 442 | 741 | 691 | 1 859 | 879 | 395 | 531 | 743 |

## 2. 第 2 年 3 张表

第 2 年的综合费用表、利润表、资产负债表，分别如表 4-17、表 4-18、表 4-19 所示。

表 4-17　综合费用表

| | 第一赛区 | | | | 第二赛区 | | | | 第三赛区 | | | | 第四赛区 | | | |
|---|---|---|---|---|---|---|---|---|---|---|---|---|---|---|---|---|
| 用户名 | U03 | U04 | U06 | U23 | U15 | U17 | U18 | U21 | U07 | U11 | U13 | U21 | U01 | U08 | U12 | U23 |
| 管理费 | 40 | 40 | 40 | 40 | 40 | 40 | 40 | 40 | 40 | 40 | 40 | 40 | 40 | 40 | 40 | 40 |
| 广告费 | 150 | 158 | 222 | 94 | 146 | 266 | 66 | 50 | 176 | 50 | 67 | 260 | 64 | 93 | 138 | 100 |
| 维护费 | 100 | 360 | 80 | 60 | 105 | 80 | 100 | 75 | 125 | 75 | 100 | 80 | 100 | 125 | 255 | 80 |
| 损失 | 0 | 0 | 10 | 0 | 0 | 0 | 0 | 0 | 0 | 0 | 0 | 0 | 0 | 0 | 0 | 0 |
| 转产费 | 0 | 0 | 0 | 0 | 0 | 0 | 0 | 0 | 0 | 0 | 0 | 0 | 0 | 0 | 0 | 0 |
| 租金 | 84 | 84 | 168 | 126 | 126 | 168 | 84 | 60 | 126 | 60 | 114 | 168 | 84 | 126 | 126 | 168 |
| 市场开拓费 | 30 | 30 | 30 | 30 | 30 | 30 | 30 | 30 | 30 | 30 | 30 | 30 | 30 | 30 | 30 | 30 |
| 产品研发费 | 0 | 12 | 22 | 20 | 22 | 22 | 10 | 12 | 20 | 12 | 10 | 22 | 40 | 0 | 20 | 0 |
| ISO 认证费 | 25 | 25 | 25 | 25 | 25 | 25 | 25 | 25 | 25 | 25 | 25 | 25 | 25 | 25 | 25 | 25 |
| 信息费 | 0 | 0 | 0 | 0 | 0 | 0 | 0 | 0 | 0 | 0 | 0 | 0 | 0 | 0 | 0 | 0 |
| 合计 | 429 | 709 | 597 | 395 | 494 | 631 | 355 | 292 | 542 | 292 | 386 | 625 | 383 | 439 | 634 | 443 |

表 4-18　利润表

| | 第一赛区 | | | | 第二赛区 | | | | 第三赛区 | | | | 第四赛区 | | | |
|---|---|---|---|---|---|---|---|---|---|---|---|---|---|---|---|---|
| 用户名 | U03 | U04 | U06 | U23 | U15 | U17 | U18 | U21 | U07 | U11 | U13 | U21 | U01 | U08 | U12 | U23 |
| 销售收入 | 1 210 | 1 644 | 1 905 | 766 | 1 864 | 2 111 | 1 009 | 838 | 1 433 | 841 | 1 004 | 1 965 | 1 001 | 796 | 1 259 | 795 |
| 直接成本 | 560 | 690 | 800 | 320 | 790 | 880 | 400 | 360 | 630 | 360 | 400 | 820 | 400 | 320 | 550 | 320 |
| 毛利 | 650 | 954 | 1 105 | 446 | 1 074 | 1 231 | 609 | 478 | 803 | 481 | 604 | 1 145 | 601 | 476 | 709 | 475 |
| 综合费用 | 429 | 709 | 597 | 395 | 494 | 631 | 355 | 292 | 542 | 292 | 386 | 625 | 383 | 439 | 634 | 443 |
| 折旧前利润 | 221 | 245 | 508 | 51 | 580 | 600 | 254 | 186 | 261 | 189 | 218 | 520 | 218 | 37 | 75 | 32 |
| 折旧 | 0 | 0 | 160 | 40 | 90 | 160 | 0 | 0 | 40 | 0 | 0 | 160 | 0 | 0 | 0 | 40 |
| 支付利息前利润 | 221 | 245 | 348 | 11 | 490 | 440 | 254 | 186 | 221 | 189 | 218 | 360 | 218 | 37 | 75 | −8 |
| 财务费用 | 44 | 167 | 214 | 0 | 256 | 227 | 24 | 15 | 39 | 17 | 22 | 242 | 22 | 0 | 15 | 40 |
| 税前利润 | 177 | 78 | 134 | 11 | 234 | 213 | 230 | 171 | 182 | 172 | 196 | 118 | 196 | 37 | 60 | −48 |
| 所得税 | 0 | 0 | 0 | 0 | 0 | 0 | 8 | 0 | 0 | 0 | 3 | 0 | 0 | 0 | 0 | 0 |
| 年度净利润 | 177 | 78 | 134 | 11 | 234 | 213 | 222 | 171 | 182 | 172 | 193 | 118 | 196 | 37 | 60 | −48 |

表 4-19　　资产负债表

| | 第一赛区 | | | | 第二赛区 | | | | 第三赛区 | | | | 第四赛区 | | | |
|---|---|---|---|---|---|---|---|---|---|---|---|---|---|---|---|---|
| 用户名 | U03 | U04 | U06 | U23 | U15 | U17 | U18 | U21 | U07 | U11 | U13 | U21 | U01 | U08 | U12 | U23 |
| 现金 | 6 | 0 | 6 | 523 | 2 | 124 | 1 | 184 | 278 | 177 | 376 | 41 | 199 | 238 | 5 | 180 |
| 应收款 | 723 | 636 | 1 107 | 0 | 1 043 | 1 088 | 741 | 562 | 571 | 565 | 380 | 1 036 | 500 | 504 | 935 | 632 |
| 在制品 | 320 | 270 | 410 | 360 | 300 | 460 | 160 | 180 | 400 | 180 | 220 | 450 | 160 | 440 | 420 | 320 |
| 产成品 | 0 | 0 | 60 | 160 | 0 | 0 | 0 | 0 | 0 | 0 | 0 | 50 | 0 | 30 | 40 | 80 |
| 原料 | 0 | 0 | 10 | 0 | 0 | 0 | 0 | 0 | 0 | 0 | 0 | 0 | 0 | 20 | 0 | 0 |
| 流动资产合计 | 1 049 | 906 | 1 593 | 1 043 | 1 345 | 1 672 | 902 | 926 | 1 249 | 922 | 976 | 1 577 | 859 | 1 232 | 1 400 | 1 212 |
| 厂房 | 0 | 0 | 0 | 0 | 0 | 0 | 0 | 0 | 0 | 0 | 0 | 0 | 0 | 0 | 0 | 0 |
| 机器设备 | 740 | 800 | 400 | 380 | 825 | 400 | 940 | 705 | 345 | 705 | 880 | 400 | 940 | 385 | 315 | 520 |
| 在建工程 | 0 | 0 | 0 | 0 | 0 | 0 | 0 | 0 | 0 | 0 | 0 | 0 | 0 | 0 | 0 | 0 |
| 固定资产合计 | 740 | 800 | 400 | 380 | 825 | 400 | 940 | 705 | 345 | 705 | 880 | 400 | 940 | 385 | 315 | 520 |
| 资产总计 | 1 789 | 1 706 | 1 993 | 1 423 | 2 170 | 2 072 | 1 842 | 1 631 | 1 594 | 1 627 | 1 856 | 1 977 | 1 799 | 1 617 | 1 715 | 1 732 |
| 长期贷款 | 484 | 174 | 1 800 | 464 | 1 800 | 1 800 | 394 | 0 | 264 | 154 | 129 | 1 800 | 164 | 384 | 164 | 464 |
| 短期贷款 | 725 | 1 047 | 0 | 595 | 0 | 0 | 815 | 1 095 | 795 | 936 | 1 116 | 0 | 1 036 | 801 | 1 076 | 871 |
| 特别贷款 | 0 | 0 | 0 | 0 | 0 | 0 | 0 | 0 | 0 | 0 | 0 | 0 | 0 | 0 | 0 | 0 |
| 所得税 | 0 | 0 | 0 | 0 | 0 | 0 | 8 | 0 | 0 | 0 | 3 | 0 | 0 | 0 | 0 | 0 |
| 负债合计 | 1 209 | 1 221 | 1 800 | 1 059 | 1 800 | 1 800 | 1 217 | 1 095 | 1 059 | 1 090 | 1 248 | 1 800 | 1 200 | 1 185 | 1 240 | 1 335 |
| 股东资本 | 600 | 600 | 600 | 600 | 600 | 600 | 600 | 600 | 600 | 600 | 600 | 600 | 600 | 600 | 600 | 600 |
| 利润留存 | −197 | −193 | −541 | −247 | −464 | −541 | −197 | −235 | −247 | −235 | −185 | −541 | −197 | −205 | −185 | −155 |
| 年度净利 | 177 | 78 | 134 | 11 | 234 | 213 | 222 | 171 | 182 | 172 | 193 | 118 | 196 | 37 | 60 | −48 |
| 所有者权益合计 | 580 | 485 | 193 | 364 | 370 | 272 | 625 | 536 | 535 | 537 | 608 | 177 | 599 | 432 | 475 | 397 |
| 负债和所有者权益总计 | 1 789 | 1 706 | 1 993 | 1 423 | 2 170 | 2 072 | 1 842 | 1 631 | 1 594 | 1 627 | 1 856 | 1 977 | 1 799 | 1 617 | 1 715 | 1 732 |

### 3. 第 3 年 3 张表

第 3 年的综合费用表、利润表、资产负债表，分别如表 4-20、表 4-21，表 4-22 所示。

表 4-20　　综合费用表

| | 第一赛区 | | | | 第二赛区 | | | | 第三赛区 | | | | 第四赛区 | | | |
|---|---|---|---|---|---|---|---|---|---|---|---|---|---|---|---|---|
| 用户名 | U03 | U04 | U06 | U23 | U15 | U17 | U18 | U21 | U07 | U11 | U13 | U21 | U01 | U08 | U12 | U23 |
| 管理费 | 40 | 40 | 40 | 40 | 40 | 40 | 40 | 40 | 40 | 40 | 40 | 40 | 40 | 40 | 40 | 40 |
| 广告费 | 158 | 181 | 102 | 134 | 120 | 86 | 100 | 100 | 177 | 144 | 160 | 120 | 119 | 208 | 234 | 150 |

续表

| | 第一赛区 | | | | 第二赛区 | | | | 第三赛区 | | | | 第四赛区 | | | |
|---|---|---|---|---|---|---|---|---|---|---|---|---|---|---|---|---|
| 维护费 | 100 | 360 | 80 | 60 | 245 | 80 | 100 | 215 | 125 | 225 | 170 | 80 | 100 | 125 | 255 | 80 |
| 损失 | 0 | 0 | 0 | 0 | 0 | 0 | 0 | 0 | 0 | 10 | 100 | 0 | 0 | 0 | 0 | 0 |
| 转产费 | 0 | 0 | 0 | 0 | 0 | 0 | 0 | 0 | 0 | 0 | 0 | 0 | 0 | 0 | 0 | 0 |
| 租金 | 84 | 84 | 168 | 126 | 168 | 168 | 126 | 102 | 168 | 102 | 156 | 168 | 126 | 126 | 168 | 168 |
| 市场开拓费 | 20 | 20 | 20 | 20 | 20 | 20 | 30 | 20 | 20 | 20 | 30 | 20 | 30 | 20 | 20 | 20 |
| 产品研发费 | 0 | 0 | 0 | 12 | 0 | 0 | 40 | 0 | 40 | 0 | 30 | 0 | 42 | 10 | 12 | 40 |
| ISO 认证费 | 0 | 0 | 0 | 0 | 0 | 0 | 0 | 0 | 0 | 0 | 0 | 0 | 0 | 0 | 0 | 0 |
| 信息费 | 0 | 0 | 0 | 0 | 0 | 0 | 0 | 0 | 0 | 0 | 0 | 0 | 0 | 0 | 0 | 0 |
| 合计 | 402 | 685 | 410 | 392 | 593 | 394 | 436 | 477 | 570 | 541 | 686 | 428 | 457 | 529 | 729 | 498 |

表 4-21　　利润表

| | 第一赛区 | | | | 第二赛区 | | | | 第三赛区 | | | | 第四赛区 | | | |
|---|---|---|---|---|---|---|---|---|---|---|---|---|---|---|---|---|
| 用户名 | U03 | U04 | U06 | U23 | U15 | U17 | U18 | U21 | U07 | U11 | U13 | U21 | U01 | U08 | U12 | U23 |
| 销售收入 | 1 517 | 1 703 | 2 030 | 1 657 | 2 223 | 2 181 | 1 374 | 1 449 | 1 625 | 1 510 | 1 667 | 1 905 | 1 488 | 1 682 | 1 911 | 1 852 |
| 直接成本 | 720 | 720 | 850 | 700 | 920 | 940 | 550 | 600 | 710 | 630 | 660 | 780 | 600 | 750 | 850 | 720 |
| 毛利 | 797 | 983 | 1 180 | 957 | 1 303 | 1 241 | 824 | 849 | 915 | 880 | 1 007 | 1 125 | 888 | 932 | 1 061 | 1 132 |
| 综合费用 | 402 | 685 | 410 | 392 | 593 | 394 | 436 | 477 | 570 | 541 | 686 | 428 | 457 | 529 | 729 | 498 |
| 折旧前利润 | 395 | 298 | 770 | 565 | 710 | 847 | 388 | 372 | 345 | 339 | 321 | 697 | 431 | 403 | 332 | 634 |
| 折旧 | 160 | 160 | 160 | 120 | 210 | 160 | 200 | 150 | 110 | 150 | 200 | 160 | 200 | 110 | 90 | 160 |
| 支付利息前利润 | 235 | 138 | 610 | 445 | 500 | 687 | 188 | 222 | 235 | 189 | 121 | 537 | 231 | 293 | 242 | 474 |
| 财务费用 | 107 | 205 | 266 | 92 | 364 | 222 | 109 | 53 | 91 | 60 | 77 | 234 | 96 | 129 | 135 | 151 |
| 税前利润 | 128 | −67 | 344 | 353 | 136 | 465 | 79 | 169 | 144 | 129 | 44 | 303 | 135 | 164 | 107 | 323 |
| 所得税 | 27 | 0 | 0 | 29 | 0 | 34 | 20 | 26 | 20 | 17 | 11 | 0 | 34 | 0 | 0 | 30 |
| 年度净利润 | 101 | −67 | 344 | 324 | 136 | 431 | 59 | 143 | 124 | 112 | 33 | 303 | 101 | 164 | 107 | 293 |

表 4-22　　资产负债表

| | 第一赛区 | | | | 第二赛区 | | | | 第三赛区 | | | | 第四赛区 | | | |
|---|---|---|---|---|---|---|---|---|---|---|---|---|---|---|---|---|
| 用户名 | U03 | U04 | U06 | U23 | U15 | U17 | U18 | U21 | U07 | U11 | U13 | U21 | U01 | U08 | U12 | U23 |
| 现金 | 628 | 243 | 257 | 675 | 8 | 184 | 155 | 123 | 416 | 331 | 616 | 250 | 3 | 425 | 316 | 471 |
| 应收款 | 582 | 480 | 1 270 | 354 | 1 063 | 1 713 | 869 | 867 | 778 | 870 | 496 | 1 150 | 741 | 626 | 581 | 760 |
| 在制品 | 320 | 360 | 490 | 460 | 470 | 400 | 160 | 360 | 380 | 420 | 360 | 540 | 240 | 420 | 450 | 320 |
| 产成品 | 240 | 150 | 80 | 60 | 0 | 0 | 50 | 0 | 120 | 30 | 20 | 100 | 0 | 140 | 130 | 0 |
| 原料 | 0 | 0 | 0 | 0 | 0 | 0 | 0 | 0 | 0 | 0 | 0 | 0 | 0 | 0 | 0 | 0 |

续表

| | 第一赛区 | | | | 第二赛区 | | | | 第三赛区 | | | | 第四赛区 | | | |
|---|---|---|---|---|---|---|---|---|---|---|---|---|---|---|---|---|
| 流动资产合计 | 1 770 | 1 233 | 2 097 | 1 549 | 1 541 | 2 297 | 1 234 | 1 350 | 1 694 | 1 651 | 1 492 | 2 040 | 984 | 1 611 | 1 477 | 1 551 |
| 厂房 | 0 | 0 | 0 | 0 | 0 | 0 | 0 | 0 | 0 | 0 | 0 | 0 | 0 | 0 | 0 | 0 |
| 机器设备 | 580 | 640 | 240 | 260 | 615 | 240 | 740 | 555 | 235 | 625 | 680 | 240 | 740 | 275 | 225 | 360 |
| 在建工程 | 0 | 0 | 0 | 0 | 150 | 0 | 600 | 400 | 350 | 0 | 300 | 0 | 800 | 0 | 300 | 0 |
| 固定资产合计 | 580 | 640 | 240 | 260 | 765 | 240 | 1 340 | 955 | 585 | 625 | 980 | 240 | 1 540 | 275 | 525 | 360 |
| 资产总计 | 2 350 | 1 873 | 2 337 | 1 809 | 2 306 | 2 537 | 2 574 | 2 305 | 2 279 | 2 276 | 2 472 | 2 280 | 2 524 | 1 886 | 2 002 | 1 911 |
| 长期贷款 | 484 | 404 | 1 800 | 464 | 1 800 | 1 800 | 894 | 324 | 804 | 614 | 704 | 1 800 | 594 | 494 | 344 | 464 |
| 短期贷款 | 1 158 | 1 051 | 0 | 628 | 0 | 0 | 976 | 1 276 | 796 | 996 | 1 116 | 0 | 1 196 | 796 | 1 076 | 727 |
| 特别贷款 | 0 | 0 | 0 | 0 | 0 | 0 | 0 | 0 | 0 | 0 | 0 | 0 | 0 | 0 | 0 | 0 |
| 所得税 | 27 | 0 | 0 | 29 | 0 | 34 | 20 | 26 | 20 | 17 | 11 | 0 | 34 | 0 | 0 | 30 |
| 负债合计 | 1 669 | 1 455 | 1 800 | 1 121 | 1 800 | 1 834 | 1 890 | 1 626 | 1 620 | 1 627 | 1 831 | 1 800 | 1 824 | 1 290 | 1 420 | 1 221 |
| 股东资本 | 600 | 600 | 600 | 600 | 600 | 600 | 600 | 600 | 600 | 600 | 600 | 600 | 600 | 600 | 600 | 600 |
| 利润留存 | –20 | –115 | –407 | –236 | –230 | –328 | 25 | –64 | –65 | –63 | 8 | –423 | –1 | –168 | –125 | –203 |
| 年度净利 | 101 | –67 | 344 | 324 | 136 | 431 | 59 | 143 | 124 | 112 | 33 | 303 | 101 | 164 | 107 | 293 |
| 所有者权益合计 | 681 | 418 | 537 | 688 | 506 | 703 | 684 | 679 | 659 | 649 | 641 | 480 | 700 | 596 | 582 | 690 |
| 负债和所有者权益总计 | 2 350 | 1 873 | 2 337 | 1 809 | 2 306 | 2 537 | 2 574 | 2 305 | 2 279 | 2 276 | 2 472 | 2 280 | 2 524 | 1 886 | 2 002 | 1 911 |

### 4. 第 4 年 3 张表

第 4 年的综合费用表、利润表、资产负债表，分别如表 4-23、表 4-24、表 2-25 所示。

表 4-23 综合费用表

| | 第一赛区 | | | | 第二赛区 | | | | 第三赛区 | | | | 第四赛区 | | | |
|---|---|---|---|---|---|---|---|---|---|---|---|---|---|---|---|---|
| 用户名 | U03 | U04 | U06 | U23 | U15 | U17 | U18 | U21 | U07 | U11 | U13 | U21 | U01 | U08 | U12 | U23 |
| 管理费 | 40 | 40 | 40 | 40 | 40 | 40 | 40 | 40 | 40 | 40 | 40 | 40 | 40 | 40 | 40 | 40 |
| 广告费 | 210 | 175 | 177 | 197 | 150 | 90 | 180 | 215 | 183 | 139 | 174 | 97 | 157 | 218 | 327 | 70 |
| 维护费 | 100 | 360 | 260 | 60 | 260 | 75 | 180 | 320 | 305 | 225 | 280 | 80 | 180 | 125 | 285 | 80 |
| 损失 | 0 | 0 | 60 | 60 | 70 | 250 | 154 | 133 | 0 | 114 | 120 | 200 | 179 | 0 | 40 | 0 |
| 转产费 | 0 | 0 | 0 | 0 | 0 | 0 | 0 | 0 | 0 | 0 | 0 | 0 | 0 | 0 | 0 | 0 |
| 租金 | 126 | 84 | 168 | 168 | 168 | 126 | 126 | 144 | 168 | 144 | 156 | 168 | 126 | 168 | 168 | 42 |
| 市场开拓费 | 10 | 10 | 10 | 10 | 10 | 10 | 20 | 10 | 10 | 10 | 20 | 10 | 20 | 10 | 10 | 10 |
| 产品研发费 | 20 | 0 | 0 | 48 | 0 | 0 | 30 | 40 | 58 | 0 | 52 | 0 | 58 | 40 | 48 | 40 |

续表

| | 第一赛区 | | | | 第二赛区 | | | | 第三赛区 | | | | 第四赛区 | | | |
|---|---|---|---|---|---|---|---|---|---|---|---|---|---|---|---|---|
| ISO 认证费 | 0 | 0 | 0 | 0 | 0 | 0 | 0 | 0 | 0 | 0 | 0 | 0 | 0 | 0 | 0 | 0 |
| 信息费 | 0 | 0 | 0 | 0 | 0 | 0 | 0 | 0 | 0 | 0 | 0 | 0 | 0 | 0 | 0 | 0 |
| 合计 | 506 | 669 | 715 | 583 | 698 | 591 | 730 | 902 | 764 | 672 | 842 | 595 | 760 | 601 | 918 | 282 |

表 4-24　　利润表

| | 第一赛区 | | | | 第二赛区 | | | | 第三赛区 | | | | 第四赛区 | | | |
|---|---|---|---|---|---|---|---|---|---|---|---|---|---|---|---|---|
| 用户名 | U03 | U04 | U06 | U23 | U15 | U17 | U18 | U21 | U07 | U11 | U13 | U21 | U01 | U08 | U12 | U23 |
| 销售收入 | 2 407 | 2 413 | 2 738 | 2 055 | 2 761 | 2 172 | 2 646 | 2 499 | 2 810 | 2 294 | 2 705 | 2 642 | 2 489 | 2 259 | 2 576 | 1 143 |
| 直接成本 | 1 200 | 990 | 1 260 | 960 | 1 220 | 930 | 1 130 | 990 | 1 290 | 900 | 1 120 | 1 120 | 1 000 | 1 010 | 1 160 | 460 |
| 毛利 | 1 207 | 1 423 | 1 478 | 1 095 | 1 541 | 1 242 | 1 516 | 1 509 | 1 520 | 1 394 | 1 585 | 1 522 | 1 489 | 1 249 | 1 416 | 683 |
| 综合费用 | 506 | 669 | 715 | 583 | 698 | 591 | 730 | 902 | 764 | 672 | 842 | 595 | 760 | 601 | 918 | 282 |
| 折旧前利润 | 701 | 754 | 763 | 512 | 843 | 651 | 786 | 607 | 756 | 722 | 743 | 927 | 729 | 648 | 498 | 401 |
| 折旧 | 160 | 160 | 100 | 120 | 200 | 150 | 200 | 140 | 110 | 170 | 200 | 160 | 200 | 110 | 70 | 160 |
| 支付利息前利润 | 541 | 594 | 663 | 392 | 643 | 501 | 586 | 467 | 646 | 552 | 543 | 767 | 529 | 538 | 428 | 241 |
| 财务费用 | 105 | 166 | 285 | 77 | 476 | 221 | 177 | 178 | 118 | 122 | 258 | 210 | 242 | 152 | 236 | 89 |
| 税前利润 | 436 | 428 | 378 | 315 | 167 | 280 | 409 | 289 | 528 | 430 | 285 | 557 | 287 | 386 | 192 | 152 |
| 所得税 | 109 | 62 | 79 | 79 | 18 | 70 | 102 | 72 | 132 | 108 | 71 | 109 | 72 | 96 | 44 | 38 |
| 年度净利润 | 327 | 366 | 299 | 236 | 149 | 210 | 307 | 217 | 396 | 322 | 214 | 448 | 215 | 290 | 148 | 114 |

表 4-25　　资产负债表

| | 第一赛区 | | | | 第二赛区 | | | | 第三赛区 | | | | 第四赛区 | | | |
|---|---|---|---|---|---|---|---|---|---|---|---|---|---|---|---|---|
| 用户名 | U03 | U04 | U06 | U23 | U15 | U17 | U18 | U21 | U07 | U11 | U13 | U21 | U01 | U08 | U12 | U23 |
| 现金 | 359 | 779 | 171 | 661 | 2 | 946 | 707 | 68 | 118 | 603 | 7 | 989 | 6 | 463 | 238 | 530 |
| 应收款 | 1 461 | 301 | 1 428 | 1 042 | 999 | 989 | 896 | 997 | 2 071 | 711 | 1 649 | 1 188 | 1 391 | 972 | 571 | 262 |
| 在制品 | 320 | 360 | 420 | 400 | 440 | 420 | 400 | 450 | 500 | 420 | 410 | 580 | 350 | 350 | 420 | 660 |
| 产成品 | 0 | 120 | 0 | 0 | 0 | 0 | 0 | 0 | 0 | 30 | 0 | 0 | 0 | 0 | 80 | 0 |
| 原料 | 0 | 0 | 0 | 20 | 0 | 0 | 0 | 0 | 0 | 0 | 0 | 0 | 0 | 20 | 0 | 0 |
| 流动资产合计 | 2 140 | 1 560 | 2 019 | 2 123 | 1 441 | 2 355 | 2 003 | 1 515 | 2 689 | 1 764 | 2 066 | 2 757 | 1 747 | 1 805 | 1 309 | 1 452 |
| 厂房 | 0 | 0 | 0 | 0 | 0 | 420 | 0 | 0 | 0 | 0 | 0 | 0 | 0 | 0 | 0 | 1260 |
| 机器设备 | 420 | 480 | 50 | 140 | 550 | 75 | 1 140 | 790 | 475 | 455 | 780 | 80 | 1 340 | 165 | 405 | 200 |
| 在建工程 | 600 | 0 | 450 | 800 | 200 | 200 | 0 | 700 | 0 | 800 | 0 | 0 | 0 | 800 | 800 | 0 |
| 固定资产合计 | 1 020 | 480 | 500 | 940 | 750 | 695 | 1 140 | 1 490 | 475 | 1 255 | 780 | 80 | 1 340 | 965 | 1 205 | 1 460 |
| 资产总计 | 3 160 | 2 040 | 2 519 | 3 063 | 2 191 | 3 050 | 3 143 | 3 005 | 3 164 | 3 019 | 2 846 | 2 837 | 3 087 | 2 770 | 2 514 | 2 912 |
| 长期贷款 | 780 | 404 | 1 604 | 464 | 1 500 | 1 600 | 1 074 | 761 | 1 154 | 944 | 804 | 1 800 | 864 | 794 | 664 | 1 334 |

续表

| | 第一赛区 | | | | 第二赛区 | | | | 第三赛区 | | | | 第四赛区 | | | |
|---|---|---|---|---|---|---|---|---|---|---|---|---|---|---|---|---|
| 短期贷款 | 1 263 | 790 | 0 | 1 596 | 18 | 467 | 976 | 1 276 | 823 | 996 | 1 116 | 0 | 1 236 | 994 | 1 076 | 736 |
| 特别贷款 | 0 | 0 | 0 | 0 | 0 | 0 | 0 | 0 | 0 | 0 | 0 | 0 | 0 | 0 | 0 | 0 |
| 所得税 | 109 | 62 | 79 | 79 | 18 | 70 | 102 | 72 | 132 | 108 | 71 | 109 | 72 | 96 | 44 | 38 |
| 负债合计 | 2 152 | 1 256 | 1 683 | 2 139 | 1 536 | 2 137 | 2 152 | 2 109 | 2 109 | 2 048 | 1 991 | 1 909 | 2 172 | 1 884 | 1 784 | 2 108 |
| 股东资本 | 600 | 600 | 600 | 600 | 600 | 600 | 600 | 600 | 600 | 600 | 600 | 600 | 600 | 600 | 600 | 600 |
| 利润留存 | 81 | –182 | –63 | 88 | –94 | 103 | 84 | 79 | 59 | 49 | 41 | –120 | 100 | –4 | –18 | 90 |
| 年度净利 | 327 | 366 | 299 | 236 | 149 | 210 | 307 | 217 | 396 | 322 | 214 | 448 | 215 | 290 | 148 | 114 |
| 所有者权益合计 | 1 008 | 784 | 836 | 924 | 655 | 913 | 991 | 896 | 1 055 | 971 | 855 | 928 | 915 | 886 | 730 | 804 |
| 负债和所有者权益总计 | 3 160 | 2 040 | 2 519 | 3 063 | 2 191 | 3 050 | 3 143 | 3 005 | 3 164 | 3 019 | 2 846 | 2 837 | 3 087 | 2 770 | 2 514 | 2 912 |

### 5. 第 5 年 3 张表

第 5 年的综合费用表、利润表、资产负债表，分别如表 4-26、表 4-27、表 4-28 所示。

表 4-26　　综合费用表

| | 第一赛区 | | | | 第二赛区 | | | | 第三赛区 | | | | 第四赛区 | | | |
|---|---|---|---|---|---|---|---|---|---|---|---|---|---|---|---|---|
| 用户名 | U03 | U04 | U06 | U23 | U15 | U17 | U18 | U21 | U07 | U11 | U13 | U21 | U01 | U08 | U12 | U23 |
| 管理费 | 40 | 40 | 40 | 40 | 40 | 40 | 40 | 40 | 40 | 40 | 40 | 40 | 40 | 40 | 40 | 40 |
| 广告费 | 244 | 198 | 214 | 158 | 133 | 78 | 286 | 262 | 160 | 280 | 108 | 129 | 277 | 418 | 362 | 100 |
| 维护费 | 180 | 360 | 290 | 100 | 265 | 20 | 170 | 250 | 250 | 155 | 255 | 280 | 370 | 505 | 355 | 80 |
| 损失 | 0 | 0 | 60 | 40 | 60 | 0 | 30 | 280 | 70 | 200 | 50 | 0 | 110 | 100 | 40 | 100 |
| 转产费 | 0 | 0 | 0 | 0 | 0 | 0 | 0 | 0 | 0 | 0 | 0 | 0 | 0 | 0 | 0 | 0 |
| 租金 | 168 | 168 | 168 | 168 | 168 | 126 | 168 | 168 | 126 | 168 | 126 | 168 | 168 | 168 | 168 | 0 |
| 市场开拓费 | 0 | 0 | 0 | 0 | 0 | 0 | 0 | 0 | 0 | 0 | 0 | 0 | 0 | 0 | 0 | 0 |
| 产品研发费 | 22 | 50 | 0 | 40 | 0 | 0 | 48 | 70 | 12 | 10 | 48 | 0 | 0 | 12 | 30 | 12 |
| ISO 认证费 | 0 | 0 | 0 | 0 | 0 | 0 | 0 | 0 | 0 | 0 | 0 | 0 | 0 | 0 | 0 | 0 |
| 信息费 | 0 | 0 | 0 | 0 | 0 | 0 | 0 | 0 | 0 | 0 | 0 | 0 | 0 | 0 | 0 | 0 |
| 合计 | 654 | 816 | 772 | 546 | 666 | 264 | 742 | 1 070 | 658 | 853 | 627 | 617 | 965 | 1 243 | 995 | 332 |

表 4-27　　利润表

| | 第一赛区 | | | | 第二赛区 | | | | 第三赛区 | | | | 第四赛区 | | | |
|---|---|---|---|---|---|---|---|---|---|---|---|---|---|---|---|---|
| 用户名 | U03 | U04 | U06 | U23 | U15 | U17 | U18 | U21 | U07 | U11 | U13 | U21 | U01 | U08 | U12 | U23 |
| 销售收入 | 2 573 | 2 855 | 2 719 | 2 184 | 2 703 | 1 600 | 2 342 | 3 639 | 2 178 | 3 045 | 2 587 | 2 579 | 3 280 | 3 168 | 3 133 | 2 099 |
| 直接成本 | 1 260 | 1 140 | 1 200 | 920 | 1 160 | 700 | 1 000 | 1 440 | 950 | 1 230 | 1 110 | 1 100 | 1 340 | 1 390 | 1 380 | 850 |
| 毛利 | 1 313 | 1 715 | 1 519 | 1 264 | 1 543 | 900 | 1 342 | 2 199 | 1 228 | 1 815 | 1 477 | 1 479 | 1 940 | 1 778 | 1 753 | 1 249 |

续表

| | 第一赛区 | | | | 第二赛区 | | | | 第三赛区 | | | | 第四赛区 | | | |
|---|---|---|---|---|---|---|---|---|---|---|---|---|---|---|---|---|
| 综合费用 | 654 | 816 | 772 | 546 | 666 | 264 | 742 | 1 070 | 658 | 853 | 627 | 617 | 965 | 1 243 | 995 | 332 |
| 折旧前利润 | 659 | 899 | 747 | 718 | 877 | 636 | 600 | 1 129 | 570 | 962 | 850 | 862 | 975 | 535 | 758 | 917 |
| 折旧 | 160 | 160 | 0 | 40 | 150 | 0 | 300 | 200 | 70 | 140 | 210 | 0 | 320 | 10 | 110 | 120 |
| 支付利息前利润 | 499 | 739 | 747 | 678 | 727 | 636 | 300 | 929 | 500 | 822 | 640 | 862 | 655 | 525 | 648 | 797 |
| 财务费用 | 181 | 78 | 258 | 182 | 326 | 182 | 154 | 248 | 197 | 142 | 168 | 204 | 343 | 241 | 245 | 186 |
| 税前利润 | 318 | 661 | 489 | 496 | 401 | 454 | 146 | 681 | 303 | 680 | 472 | 658 | 312 | 284 | 403 | 611 |
| 所得税 | 80 | 165 | 122 | 124 | 100 | 114 | 37 | 170 | 76 | 170 | 118 | 165 | 78 | 71 | 101 | 153 |
| 年度净利润 | 238 | 496 | 367 | 372 | 301 | 340 | 109 | 511 | 227 | 510 | 354 | 493 | 234 | 213 | 302 | 458 |

表 4-28　　资产负债表

| | 第一赛区 | | | | 第二赛区 | | | | 第三赛区 | | | | 第四赛区 | | | |
|---|---|---|---|---|---|---|---|---|---|---|---|---|---|---|---|---|
| 用户名 | U03 | U04 | U06 | U23 | U15 | U17 | U18 | U21 | U07 | U11 | U13 | U21 | U01 | U08 | U12 | U23 |
| 现金 | 778 | 448 | 566 | 501 | 19 | 544 | 475 | 1 574 | 648 | 1 170 | 261 | 1 757 | 304 | 485 | 7 | 1 220 |
| 应收款 | 1 330 | 1 329 | 1 477 | 991 | 1 377 | 1 092 | 1 282 | 311 | 990 | 1 166 | 1 551 | 1 225 | 1 533 | 1 198 | 1 351 | 145 |
| 在制品 | 400 | 240 | 320 | 270 | 440 | 60 | 380 | 420 | 170 | 420 | 280 | 180 | 300 | 340 | 600 | 680 |
| 产成品 | 100 | 60 | 0 | 0 | 50 | 30 | 110 | 0 | 90 | 0 | 0 | 0 | 20 | 0 | 0 | 0 |
| 原料 | 0 | 0 | 0 | 10 | 0 | 10 | 0 | 0 | 20 | 0 | 0 | 0 | 0 | 0 | 0 | 20 |
| 流动资产合计 | 2 608 | 2 077 | 2 363 | 1 772 | 1 886 | 1 736 | 2 247 | 2 305 | 1 918 | 2 756 | 2 092 | 3 162 | 2 157 | 2 023 | 1 958 | 2 065 |
| 厂房 | 0 | 0 | 0 | 0 | 0 | 420 | 0 | 0 | 420 | 0 | 300 | 0 | 0 | 0 | 0 | 1 680 |
| 机器设备 | 860 | 320 | 470 | 820 | 535 | 200 | 810 | 1 260 | 280 | 1 105 | 495 | 0 | 960 | 805 | 1 065 | 80 |
| 在建工程 | 600 | 1 400 | 1 000 | 1 600 | 600 | 1 750 | 1 050 | 700 | 1 900 | 700 | 1 000 | 1 200 | 850 | 1 000 | 300 | 0 |
| 固定资产合计 | 1 460 | 1 720 | 1 470 | 2 420 | 1 135 | 2 370 | 1 860 | 1 960 | 2 600 | 1 805 | 1 795 | 1 200 | 1 810 | 1 805 | 1 365 | 1 760 |
| 资产总计 | 4 068 | 3 797 | 3 833 | 4 192 | 3 021 | 4 106 | 4 107 | 4 265 | 4 518 | 4 561 | 3 887 | 4 362 | 3 967 | 3 828 | 3 323 | 3 825 |
| 长期贷款 | 1 142 | 230 | 1 004 | 774 | 920 | 1 212 | 1 794 | 1 234 | 1 704 | 1 634 | 1 384 | 1 200 | 1 224 | 1 344 | 1 114 | 1 374 |
| 短期贷款 | 1 600 | 2 122 | 1 504 | 1 998 | 1 045 | 1 527 | 1 176 | 1 454 | 1 456 | 1 276 | 1 176 | 1 576 | 1 516 | 1 314 | 1 076 | 1 036 |
| 特别贷款 | 0 | 0 | 0 | 0 | 0 | 0 | 0 | 0 | 0 | 0 | 0 | 0 | 0 | 0 | 0 | 0 |
| 所得税 | 80 | 165 | 122 | 124 | 100 | 114 | 37 | 170 | 76 | 170 | 118 | 165 | 78 | 71 | 101 | 153 |
| 负债合计 | 2 822 | 2 517 | 2 630 | 2 896 | 2 065 | 2 853 | 3 007 | 2 858 | 3 236 | 3 080 | 2 678 | 2 941 | 2 818 | 2 729 | 2 291 | 2 563 |
| 股东资本 | 600 | 600 | 600 | 600 | 600 | 600 | 600 | 600 | 600 | 600 | 600 | 600 | 600 | 600 | 600 | 600 |
| 利润留存 | 408 | 184 | 236 | 324 | 55 | 313 | 391 | 296 | 455 | 371 | 255 | 328 | 315 | 286 | 130 | 204 |
| 年度净利 | 238 | 496 | 367 | 372 | 301 | 340 | 109 | 511 | 227 | 510 | 354 | 493 | 234 | 213 | 302 | 458 |
| 所有者权益合计 | 1 246 | 1 280 | 1 203 | 1 296 | 956 | 1 253 | 1 100 | 1 407 | 1 282 | 1 481 | 1 209 | 1 421 | 1 149 | 1 099 | 1 032 | 1 262 |
| 负债和所有者权益总计 | 4 068 | 3 797 | 3 833 | 4 192 | 3 021 | 4 106 | 4 107 | 4 265 | 4 518 | 4 561 | 3 887 | 4 362 | 3 967 | 3 828 | 3 323 | 3 825 |

## 二、2016 年经典赛事数据分享

### （一）竞赛规则

#### 1. 融资

融资规则，如表 4-29 所示。

表 4-29　　融资规则

| 贷款类型 | 贷款时间 | 贷款额度 | 年利息 | 还款方式 |
| --- | --- | --- | --- | --- |
| 长期贷款 | 每年年初 | 所有长贷和短贷之和不能超过上年权益的 3 倍 | 10% | 年初付息，到期还本 |
| 短期贷款 | 每季度初 | | 5% | 到期一次还本付息 |
| 资金贴现 | 任何时间 | 视应收款额 | 10%（1 季度、2 季度），12.5%（3 季度、4 季度） | 分季度计算贴息 |
| 库存拍卖 | 原材料八折，成品按成本价 | | | |

**规则说明：**

（1）长期贷款和短期贷款信用额度。

长短期贷款的总额度（包括已借但未到还款期的贷款）为上年权益总计的 3 倍，长期贷款、短期贷款必须为大于等于 10W 的整数申请。例：第 1 年所有者权益为 358W，第一年已借 5 年期长期贷款 506W（且未申请短期贷款），则第二年可贷款总额度为：358×3−506=568W。

（2）贷款规则。

① 长期贷款每年必须支付利息，到期归还本金。长期贷款最多可贷 5 年。

② 结束年时，不要求归还没有到期的各类贷款。

③ 短期贷款年限为 1 年，如果某一季度有短期贷款需要归还，且同时还拥有贷款额度时，必须先归还到期的短期贷款，才能申请新的短期贷款。

④ 所有的贷款不允许提前还款。

⑤ 企业间不允许私自融资，只允许企业向银行贷款，银行不提供高利贷。

⑥ 贷款利息计算时四舍五入。例：短期贷款 210W，则利息为：210×5%=10.5W，四舍五入，实际支付利息为 11W。

⑦ 长期贷款利息根据长期贷款的贷款总额乘以利率计算。例：第 1 年申请 504W 长期贷款，第 2 年申请 204W 长期贷款，则第 3 年所需要支付的长期贷款利息=（504+204）×10%=70.8W，四舍五入，实际支付利息为 71W。

（3）贴现规则。

应收款分季度计算贴息，贴现额示意图如图 4-3 所示，应收款 1 季度贴现 26W，2 季度贴现 424W，贴息为：1 账期应收款贴息=26×10%=2.6 ≈ 3W，2 账期应收款贴息=424×10%=42.4 ≈43W，贴息总额=3+43=46W。

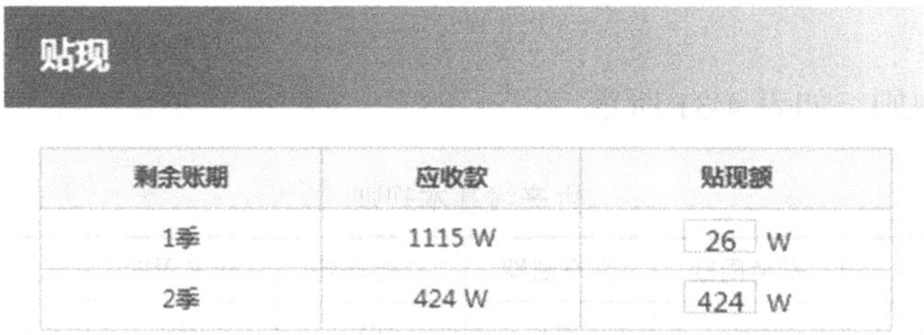


图 4-3　贴现额示意图

（4）出售库存规则。

① 原材料打八折出售。例：出售 1 个原材料获得 10×0.8=8W。

② 出售产成品按产品的成本价计算。例：出售 1 个 P2 获得 1×30=30W。

**2. 厂房**

厂房规则，如表 4-30 所示。

表 4-30　　厂房规则

| 厂　房 | 买　价 | 租　金 | 售　价 | 容　量 |
|---|---|---|---|---|
| 大厂房 A 类 | 400W | 40W/年 | 400W | 4 条 |
| 大厂房 B 类 | 300W | 32W/年 | 300W | 4 条 |
| 中厂房 | 300W | 30W/年 | 300W | 3 条 |
| 小厂房 | 180W | 18W/年 | 180W | 2 条 |

规则说明：

① 租用或购买厂房可以在任何季度进行。如果决定租用厂房或者厂房买转租，租金在开始租用的季度交付，即从现金处取等量钱币，放在租金费用处。一年租期到期时，如果决定续租，需重复以上动作。

② 厂房租入一年后可作租转买、退租等处理（例：第 1 年第 1 季度租厂房，则以后每一年的第 1 季度末“厂房处理”均可“租转买”），如果到期没有选择“租转买”，系统自动做续租处理，租金在“当季结束”时和“行政管理费”一并扣除。

③ 要新建或租赁生产线，必须购买或租用厂房，没有租用或购买厂房不能新建或租赁生产线。

④ 如果厂房中没有生产线，可以选择厂房退租。

⑤ 厂房出售得到 4 个账期的应收款，在紧急情况下，可进行厂房贴现（4 季度贴现），直接得到现金，如厂房中有生产线，同时要扣租金。

⑥ 厂房使用可以任意组合，但总数不能超过 4 个，如租 4 个小厂房或买 4 个大厂房或租 1 个大厂房买 3 个中厂房。

⑦ 大厂房 B 类，经评估具有贬值风险，故无企业综合发展加分。

**3. 生产线**

生产线基本规则，如表 4-31 所示。

表 4-31 生产线基本规则

| 生产线 | 购置费 | 安装周期 | 生产周期 | 总转产费 | 转产周期 | 维修费 | 残　值 |
|---|---|---|---|---|---|---|---|
| 超级手工线 | 35W | 无 | 2Q | 0W | 无 | 5W/年 | 5W |
| 租赁线 | 0W | 无 | 1Q | 20W | 1Q | 70W/年 | −85W |
| 自动线 | 150W | 3Q | 1Q | 20W | 1Q | 20W/年 | 30W |
| 柔性线 | 200W | 4Q | 1Q | 0W | 无 | 20W/年 | 40W |

（1）在“系统”中新建生产线，需先选择厂房，然后选择生产线的类型，特别要确定生产产品的类型；生产产品一经确定，本生产线所生产的产品便不能更换，如需更换，须在建成后，进行转产处理。

（2）每次操作可建一条生产线，同一季度可重复操作多次，直至生产线位置全部铺满。自动线和柔性线待最后一期投资到位后，必须到下一季度才算安装完成，允许投入使用。超级手工线和租赁线当季购入（或租入），当季即可使用。

（3）新建生产线一经确认，即刻进入第一期在建，当季便自动扣除现金。

（4）不论何时出售生产线，从生产线净值中取出相当于残值的部分计入现金，净值与残值之差计入损失。

（5）只有空的并且已经建成的生产线方可转产。

（6）当年建成的生产线、转产中生产线都要交维修费；凡已出售的生产线（包括退租的租赁线）和新购正在安装的生产线不交纳维护费。

（7）生产线不允许在不同厂房移动。

（8）租赁线不需要购置费，不用安装周期，不提折旧，维修费可以理解为租金；其在出售时（可理解为退租），系统将扣 85W/条的清理费用，记入损失；该类生产线不计小分。

生产线折旧规则，如表 4-32 所示。

表 4-32 生产线折旧（平均年限法）

| 生产线 | 购置费 | 残　值 | 建成第 1 年 | 建成第 2 年 | 建成第 3 年 | 建成第 4 年 | 建成第 5 年 |
|---|---|---|---|---|---|---|---|
| 超级手工线 | 35W | 5W | 0 | 10W | 10W | 10W | 0W |
| 自动线 | 150W | 30W | 0 | 30W | 30W | 30W | 30W |
| 柔性线 | 200W | 40W | 0 | 40W | 40W | 40W | 40W |

当年建成生产线当年不提折旧，当净值等于残值时，生产线不再计提折旧，但可以继续使用。

**4. 产品研发**

要想生产某种产品，先要获得该产品的生产许可证。而要获得生产许可证，则必须经过产品研发。P1、P2、P3、P4、P5 产品都需要研发后才能获得生产许可。研发需要分期投入研发费用。产品研发投资规则，如表 4-33 所示。

表 4-33　　产品研发投资规则

| 名　称 | 开发费用 | 开发总额 | 开发周期 | 加工费 | 直接成本 | 产品组成 |
|---|---|---|---|---|---|---|
| P1 | 10W/季 | 20W | 2 季 | 10W/个 | 20W/个 | **R1** |
| P2 | 10W/季 | 30W | 3 季 | 10W/个 | 30W/个 | R2+R3 |
| P3 | 10W/季 | 40W | 4 季 | 10W/个 | 40W/个 | R1+R3+R4 |
| P4 | 10W/季 | 50W | 5 季 | 10W/个 | 50W/个 | **P1**+ R2+R4 |
| P5 | 12W/季 | 60W | 5 季 | 10W/个 | 60W/个 | **P2**+R1+R3 |

产品研发可以中断或终止，但不允许超前或集中投入。已投资的研发费用不能回收。如果开发没有完成，“系统”不允许开工生产。

**5. ISO 资格认证**

ISO 资格认证规则，如表 4-34 所示。

表 4-34　　ISO 资格认证规则

| ISO 类型 | 每年研发费用 | 年　限 | 全部研发费用 |
|---|---|---|---|
| ISO9000 | 10W/年 | 2 年 | 20W |
| ISO14000 | 15W/年 | 3 年 | 45W |

无须交维护费，中途停止使用，也可继续拥有资格并在以后年份使用。ISO 认证，只有在第四季度末才可以操作。

**6. 市场开拓**

市场开拓规则，如表 4-35 所示。

表 4-35　　市场开拓规则

| 市　场 | 每年开拓费 | 开拓年限 | 全部开拓费用 |
|---|---|---|---|
| 本地 | 10W/年 | 1 年 | 10W |
| 区域 | 10W/年 | 1 年 | 10W |
| 国内 | 10W/年 | 2 年 | 20W |
| 亚洲 | 10W/年 | 3 年 | 30W |
| 国际 | 10W/年 | 4 年 | 40W |

无须交维护费，中途停止使用，也可继续拥有资格并在以后年份使用。市场开拓，只有在第 4 季度才可以操作。投资中断已投入的资金依然有效。

### 7. 原材料

原材料规则，如表 4-36 所示。

表 4-36 原材料规则

| 名称 | 购买价格 | 提前期 |
|---|---|---|
| R1 | 10W/个 | 1 季度 |
| R2 | 10W/个 | 1 季度 |
| R3 | 10W/个 | 2 季度 |
| R4 | 10W/个 | 2 季度 |

① 没有下订单的原材料不能采购入库。

② 所有预订的原材料到期必须全额现金购买。

③ 当紧急采购时，原材料是直接成本的 2 倍，即 20W/个。在利润表中，直接成本仍然按照标准成本记录，紧急采购多付出的成本计入综合费用表中的“损失”。

### 8. 选单规则

在一个回合中，每投放 10W 广告费理论上将获得一次选单机会，此后每增加 20W 理论上多一次选单机会。如：本地 P1 投放 30W 表示最多有 2 次选单机会，但是能否选到 2 次取决于市场需求及竞争态势。如果投放小于 10W 广告费则无选单机会，但仍扣广告费，对计算市场广告额有效。广告投放可以是非 10 倍数，如 11W、12W，且投 12W 比投 11W 或 10W 优先选单。

投放广告，只有裁判宣布的最晚时间，没有最早时间。即你在系统里当年经营结束后即可马上投下一年的广告。

选单时，首先以当年本市场本产品广告额投放大小顺序依次选单；如果两队本市场本产品广告额相同，则看本市场广告投放总额；如果本市场广告总额也相同，则看上年本市场销售排名；如仍无法决定，先投广告者先选单。第一年无订单。

选单时，两个市场同时开单，各队需要同时关注两个市场的选单进展，其中一个市场先结束，则第三个市场立即开单，即任何时候会有两个市场同开，除非到最后只剩下一个市场选单未结束。如某年有本地、区域、国内、亚洲四个市场有选单，则系统将本地、区域同时放单，各市场按 P1、P2、P3、P4、P5 顺序独立放单，若本地市场选单结束，则国内市场立即开单，此时区域、国内二市场保持同开，紧接着区域结束选单，则亚洲市场立即放单，即国内、亚洲二市场同开。选单时，各队需要点击相应的市场按钮（如“国内”），某一市场选单结束，系统不会自动跳到其他市场。

**提请注意：**

- 出现确认框要在倒计时大于 5 秒时按下确认按钮，否则可能造成选单无效；
- 在某细分市场（如本地 P1）有多次选单机会，只要放弃一次，则视同放弃该细分市场所有选单机会；

- 选单时各队两台电脑同时连接入网；
- 本次比赛无市场老大。

**9. 竞单会（在第 4 年和第 6 年订货会后，召开竞单会。系统一次同时放 3 张订单同时竞，具体竞拍订单的信息将和市场预测图一起下发）**

参与竞标的订单标明了订单编号、市场、产品、数量、ISO 要求等，而总价、交货期、账期三项为空。竞标订单的相关要求说明如下：

（1）投标资质。

参与投标的公司需要有相应市场、ISO 认证的资质，但不必有生产资格。

中标的公司需为该单支付 10W 标书费，计入广告费。

如果（已竞得单数+本次同时竞单数）×10>现金余额，则不能再竞，即必须有一定现金库存作为保证金。如同时竞 3 张订单，库存现金为 54W，已经竞得 3 张订单，扣除了 30W 标书费，还剩余 24W 库存现金，则不能继续参与竞单，因为万一再竞得 3 张，24W 库存现金不足支付标书费 30W。

为防止恶意竞单，对竞得单张数进行限制，如果［某队已竞得单张数>ROUND（3×该年竞单总张数/参赛队数）］，则不能继续竞单。

**提请注意：**

- ROUND 表示四舍五入；
- 如上式为等于，可以继续参与竞单；
- 参赛队数指经营中的队伍，破产退出经营则不算其内。

如某年竞单，共有 40 张，20 队参与竞单，当一队已经得到 7 张单，因为 7>ROUND（3×40/20），所以不能继续竞单；但如果已经竞得 6 张，可以继续参与。

（2）投标。

参与投标的公司须根据所投标的订单，在系统规定时间（90 秒，以倒计时秒形式显示）填写总价、交货期、账期三项内容，确认后由系统按照下述公式计算得分：

得分=100+（5−交货期）×2+应收账期−8×总价/（该产品直接成本×数量）

以得分最高者中标。如果计算分数相同，则先提交者中标。

**提请注意：**

- 总价不能低于（可以等于）成本价，也不能高于（可以等于）成本价的三倍；
- 必须为竞单留足时间，如在倒计时小于等于 5 秒再提交，可能无效；
- 竞得订单与选中订单一样，算市场销售额。

**10. 订单违约**

订单必须在规定季或提前交货，应收账期从交货季开始算起。应收款收回系统自动完成，不需要各队填写收回金额。

**11. 取整规则（均精确或舍到个位整数）**

违约金扣除——四舍五入；

库存拍卖所得现金——四舍五入；

贴现费用——向上取整；

扣税——四舍五入；

长短贷利息——四舍五入。

**12. 关于违约问题**

所有订单要求在本年度内完成（按订单上的产品数量和交货期交货）。如果订单没有完成，则视为违约订单，按下列条款加以处罚：

（1）分别按违约订单销售总额的 20%（四舍五入）计算违约金，并在当年第 4 季度结束后扣除，违约金记入“损失”。

（2）违约订单一律收回。

**13. 重要参数（如表 4-37 所示）**

表 4-37

| 违约金比例 | 20.0 % | 贷款额倍数 | 3 倍 |
|---|---|---|---|
| 产品折价率 | 100.0 % | 原料折价率 | 80.0 % |
| 长贷利率 | 10.0 % | 短贷利率 | 5.0 % |
| 1，2 期贴现率 | 10.0 % | 3，4 期贴现率 | 12.5 % |
| 初始现金 | **600 W** | 管理费 | **10 W** |
| 信息费 | 1 W | 所得税率 | 25.0 % |
| 最大长贷年限 | **5** 年 | 最小得单广告额 | 10 W |
| 原料紧急采购倍数 | 2 倍 | 产品紧急采购倍数 | 3 倍 |
| 选单时间 | 45 秒 | 首位选单补时 | 20 秒 |
| 市场同开数量 | 2 | 市场老大 | 无 |
| 竞单时间 | 90 秒 | 竞单同竞数 | 3 |
| 最大厂房数量 | 4 个 | | |

**提请注意：**

- 每市场每产品选单时第一个队选单时间为 65 秒，自第二个队起，选单时间设为 45 秒；
- 初始资金为 600W；
- 信息费为 1W/次/队，即交 1W 可以查看一队企业信息，交费企业以 EXCEL 表格形式获得被间谍企业详细信息。（可看到的信息框架结构如附件 EXCEL 表所示）。竞单会时无法使用间谍。

**14. 竞赛排名**

6 年经营结束后，将根据各队的总成绩进行排名，分数高者排名在前。

总成绩 = 所有者权益 ×（1+企业综合发展潜力/100）–罚分

企业综合发展潜力如表 4-38 所示：

表 4-38 企业综合发展潜力

| 项　　目 | 综合发展潜力系数 |
|---|---|
| 自动线 | +8/条 |
| 柔性线 | +10/条 |
| 本地市场开发 | +7 |
| 区域市场开发 | +7 |
| 国内市场开发 | +8 |
| 亚洲市场开发 | +9 |
| 国际市场开发 | +10 |
| ISO9000 | +8 |
| ISO14000 | +10 |
| P1 产品开发 | +7 |
| P2 产品开发 | +8 |
| P3 产品开发 | +9 |
| P4 产品开发 | +10 |
| P5 产品开发 | +11 |
| 大厂房 A 类 | +10 |
| 中厂房 | +8 |
| 小厂房 | +7 |

**提请注意：**

- 如有若干队分数相同，则参照各队第 6 年经营结束后的最终权益，权益高者排名在前：若权益仍相等，则参照第 6 年经营结束时间，先结束第 6 年经营的队伍排名在前。
- 生产线建成即加分（第 6 年年末缴纳维修费的生产线才算建成），无须生产出产品，也无须有在制品。租赁线无加分。

**15. 罚分细则**

（1）运行超时扣分。

运行超时有两种情况：一是指不能在规定时间完成广告投放（可提前投广告）；二是指不能在规定时间完成当年经营（以点击系统中“当年结束”按钮并确认为准）。

处罚：按总分 50 分/分钟（不满一分钟按一分钟计算）计算罚分，最多不能超过 10 分钟。如果到 10 分钟后还不能完成相应的运行，将取消其参赛资格。

注意：投放广告时间、完成经营时间及提交报表时间系统均会记录，作为扣分依据。

（2）报表错误扣分。

必须按规定时间在系统中填制资产负债表、综合费用表、利润表，如果上交的报表与系统自动生成的报表对照有误，在总得分中扣罚400分/次，并以系统提供的报表为准修订。

注意：对上交报表时间会作规定，延误交报表即视为错误一次，即使后来在系统中填制正确也要扣分。由运营超时引发延误交报表视同报表错误并扣分（即如果某队超时4分钟，将被扣除50×4+400=600分）

（3）其他违规扣分。

在运行过程中，下列情况属违规：

① 对裁判正确的判罚不服从；

② 其他严重影响比赛正常进行的活动。

如有以上行为者，视情节轻重，在第6年经营结束后扣除该队总得分的50 022 000分。

（4）所有罚分在第6年经营结束后计算总成绩时一起扣除。

**16. 破产处理**

当参赛队权益为负（指当年结束系统生成资产负债表时为负）或现金断流时（权益和现金可以为零），企业破产。

参赛队破产后，直接退出比赛。

### （二）市场预测（如表4-39至表4-42所示）

表4-39 均价

| 年份 | 市场 | P1 | P2 | P3 | P4 | P5 |
|---|---|---|---|---|---|---|
| 第2年 | 本地 | 50.89 | 70.64 | 87.98 | 127.79 | 143.64 |
| | 区域 | 50.67 | 71.01 | 87.76 | 128.19 | 142.4 |
| 第3年 | 本地 | 50.2 | 69.09 | 85.54 | 128.43 | 141.27 |
| | 区域 | 50.01 | 70.32 | 83.85 | 128.78 | 142.12 |
| | 国内 | 49.22 | 69.84 | 83.09 | 129.45 | 141.7 |
| 第4年 | 本地 | 48.79 | 69.83 | 86.93 | 126.24 | 139 |
| | 区域 | 48.88 | 71.18 | 82.93 | 124.39 | 139.79 |
| | 国内 | 48.85 | 71.28 | 87.55 | 122.38 | 138.39 |
| | 亚洲 | 0 | 71.6 | 88.61 | 126.74 | 142.93 |
| 第5年 | 本地 | 50.7 | 69.44 | 80.76 | 126.97 | 150.3 |
| | 区域 | 50.36 | 72.07 | 81.87 | 127.55 | 148.48 |
| | 国内 | 50.66 | 69.84 | 82.08 | 127.67 | 149.33 |
| | 亚洲 | 0 | 70 | 88.03 | 131.31 | 153.11 |
| | 国际 | 56.95 | 70.83 | 81.7 | 0 | 148.53 |

续表

| 年　份 | 市　场 | P1 | P2 | P3 | P4 | P5 |
|---|---|---|---|---|---|---|
| 第 6 年 | 本地 | 50.83 | 67.5 | 85.17 | 131.29 | 156.82 |
| | 区域 | 50.15 | 69.65 | 90.24 | 128.6 | 156.52 |
| | 国内 | 49.94 | 69 | 85.75 | 127.58 | 0 |
| | 亚洲 | 50.13 | 69.7 | 81.4 | 127.18 | 157.63 |
| | 国际 | 57.52 | 71.04 | 85.59 | 0 | 156.6 |

表 4-40　需求量

| 年　份 | 市　场 | P1 | P2 | P3 | P4 | P5 |
|---|---|---|---|---|---|---|
| 第 2 年 | 本地 | 75 | 55 | 40 | 33 | 28 |
| | 区域 | 58 | 75 | 42 | 36 | 25 |
| 第 3 年 | 本地 | 79 | 54 | 13 | 37 | 26 |
| | 区域 | 78 | 60 | 40 | 32 | 33 |
| | 国内 | 81 | 55 | 44 | 38 | 33 |
| 第 4 年 | 本地 | 77 | 35 | 42 | 34 | 30 |
| | 区域 | 83 | 61 | 14 | 33 | 33 |
| | 国内 | 72 | 53 | 40 | 8 | 18 |
| | 亚洲 | 0 | 52 | 41 | 31 | 14 |
| 第 5 年 | 本地 | 66 | 48 | 50 | 35 | 23 |
| | 区域 | 73 | 14 | 38 | 38 | 31 |
| | 国内 | 76 | 51 | 38 | 33 | 15 |
| | 亚洲 | 0 | 43 | 35 | 29 | 9 |
| | 国际 | 22 | 24 | 10 | 0 | 34 |
| 第 6 年 | 本地 | 70 | 12 | 42 | 31 | 28 |
| | 区域 | 60 | 46 | 37 | 45 | 23 |
| | 国内 | 18 | 15 | 44 | 31 | 0 |
| | 亚洲 | 53 | 43 | 10 | 40 | 24 |
| | 国际 | 29 | 24 | 37 | 0 | 15 |

表 4-41　订单量

| 年　份 | 市　场 | P1 | P2 | P3 | P4 | P5 |
|---|---|---|---|---|---|---|
| 第 2 年 | 本地 | 20 | 19 | 15 | 12 | 11 |
| | 区域 | 17 | 22 | 15 | 14 | 10 |
| 第 3 年 | 本地 | 21 | 19 | 6 | 14 | 10 |
| | 区域 | 23 | 19 | 14 | 13 | 12 |

续表

| 年份 | 市场 | P1 | P2 | P3 | P4 | P5 |
|---|---|---|---|---|---|---|
| 第3年 | 国内 | 23 | 18 | 16 | 14 | 12 |
| 第4年 | 本地 | 21 | 13 | 15 | 15 | 12 |
| | 区域 | 21 | 20 | 6 | 13 | 12 |
| | 国内 | 21 | 20 | 15 | 4 | 7 |
| | 亚洲 | 0 | 17 | 17 | 14 | 6 |
| 第5年 | 本地 | 18 | 16 | 18 | 12 | 10 |
| | 区域 | 20 | 5 | 16 | 15 | 12 |
| | 国内 | 21 | 18 | 16 | 13 | 6 |
| | 亚洲 | 0 | 16 | 14 | 11 | 4 |
| | 国际 | 8 | 8 | 4 | 0 | 13 |
| 第6年 | 本地 | 19 | 5 | 15 | 12 | 11 |
| | 区域 | 15 | 17 | 14 | 15 | 11 |
| | 国内 | 5 | 5 | 16 | 11 | 0 |
| | 亚洲 | 12 | 16 | 5 | 13 | 9 |
| | 国际 | 9 | 8 | 12 | 0 | 6 |

表 4-42　竞单详情

| 年份 | ID | 市场 | 产品 | 数量 | 所需认证 |
|---|---|---|---|---|---|
| 第4年 | 4J01 | 本地 | P1 | 2 | 无 |
| | 4J02 | 本地 | P2 | 3 | ISO9000 |
| | 4J03 | 本地 | P3 | 2 | ISO9000/ISO14000 |
| | 4J04 | 本地 | P5 | 3 | ISO9000/ISO14000 |
| | 4J05 | 区域 | P2 | 3 | 无 |
| | 4J06 | 区域 | P3 | 4 | ISO14000 |
| | 4J07 | 区域 | P4 | 2 | 无 |
| | 4J08 | 区域 | P5 | 3 | ISO9000 |
| | 4J09 | 国内 | P3 | 2 | ISO9000/ISO14000 |
| | 4J10 | 国内 | P3 | 3 | ISO9000/ISO14000 |
| | 4J11 | 国内 | P4 | 3 | 无 |
| | 4J12 | 国内 | P5 | 4 | ISO14000 |
| | 4J13 | 国内 | P1 | 2 | 无 |
| | 4J14 | 亚洲 | P1 | 3 | ISO9000 |
| | 4J15 | 亚洲 | P2 | 2 | ISO9000/ISO14000 |
| | 4J16 | 亚洲 | P2 | 3 | ISO9000/ISO14000 |

续表

| 年份 | ID | 市场 | 产品 | 数量 | 所需认证 |
|---|---|---|---|---|---|
| 第4年 | 4J17 | 亚洲 | P4 | 2 | 无 |
| | 4J18 | 亚洲 | P5 | 4 | ISO14000 |
| 第6年 | 6J01 | 本地 | P1 | 4 | 无 |
| | 6J10 | 本地 | P2 | 4 | 无 |
| | 6J02 | 区域 | P2 | 3 | ISO9000 |
| | 6J03 | 区域 | P4 | 3 | ISO9000/ISO14000 |
| | 6J11 | 区域 | P2 | 3 | ISO9000 |
| | 6J12 | 区域 | P3 | 3 | ISO9000/ISO14000 |
| | 6J04 | 国内 | P2 | 2 | 无 |
| | 6J05 | 国内 | P3 | 3 | 无 |
| | 6J13 | 国内 | P3 | 2 | 无 |
| | 6J4 | 国内 | P4 | 3 | 无 |
| | 6J06 | 亚洲 | P3 | 5 | ISO9000 |
| | 6J07 | 亚洲 | P4 | 4 | 无 |
| | 6J15 | 亚洲 | P4 | 5 | ISO9000 |
| | 6J16 | 亚洲 | P2 | 4 | 无 |
| | 6J08 | 国际 | P5 | 3 | ISO14000 |
| | 6J09 | 国际 | P1 | 3 | 无 |
| | 6J17 | 国际 | P5 | 3 | ISO14000 |
| | 6J18 | 国际 | P5 | 3 | 无 |

## （三）数据分享

### 1. 第 1 年 3 张表（如表 4-43 至表 4-45 所示）

表 4-43　　综合费用表

| 用户名 | JS01 | JS02 | JS03 | JS04 | JS05 | JS06 | JS07 | JS08 | JS09 | JS10 | JS11 | JS12 | JS13 | JS14 | JS15 | JS16 | JS17 | JS18 | JS19 | JS20 |
|---|---|---|---|---|---|---|---|---|---|---|---|---|---|---|---|---|---|---|---|---|
| 管理费 | 40 | 40 | 40 | 40 | 40 | 40 | 40 | 40 | 40 | 40 | 40 | 40 | 40 | 40 | 40 | 40 | 40 | 40 | 40 | 40 |
| 广告费 | 0 | 0 | 0 | 0 | 0 | 0 | 0 | 0 | 0 | 0 | 0 | 0 | 0 | 0 | 0 | 0 | 0 | 0 | 0 | 0 |
| 设备维护费 | 100 | 25 | 20 | 10 | 0 | 10 | 5 | 100 | 25 | 0 | 25 | 75 | 0 | 0 | 0 | 35 | 50 | 10 | 25 | 25 |
| 转产费 | 0 | 0 | 0 | 0 | 0 | 0 | 0 | 0 | 0 | 0 | 0 | 0 | 0 | 0 | 0 | 0 | 0 | 0 | 0 | 0 |
| 租金 | 176 | 44 | 44 | 0 | 0 | 0 | 0 | 176 | 44 | 0 | 0 | 132 | 0 | 44 | 44 | 44 | 88 | 0 | 44 | 0 |
| 市场准入开拓 | 50 | 50 | 40 | 50 | 50 | 50 | 20 | 50 | 50 | 50 | 50 | 50 | 50 | 50 | 50 | 50 | 50 | 50 | 50 | 50 |
| 产品研发 | 94 | 60 | 64 | 82 | 60 | 82 | 64 | 64 | 50 | 43 | 50 | 142 | 64 | 82 | 70 | 60 | 50 | 20 | 60 | 70 |
| ISO 认证资格 | 25 | 25 | 25 | 25 | 25 | 25 | 25 | 25 | 25 | 25 | 25 | 25 | 25 | 25 | 25 | 25 | 25 | 10 | 25 | 25 |
| 信息费 | 0 | 0 | 0 | 0 | 0 | 0 | 0 | 0 | 0 | 0 | 0 | 0 | 0 | 0 | 0 | 0 | 0 | 0 | 0 | 0 |
| 其他 | 0 | 0 | 0 | 0 | 0 | 0 | 0 | 0 | 0 | 0 | 0 | 0 | 0 | 0 | 0 | 0 | 0 | 0 | 0 | 0 |
| 合计 | 485 | 244 | 233 | 207 | 175 | 207 | 154 | 455 | 234 | 158 | 190 | 464 | 179 | 241 | 229 | 254 | 303 | 130 | 244 | 210 |

表 4-44　　利润表

| 用户名 | JS01 | JS02 | JS03 | JS04 | JS05 | JS06 | JS07 | JS08 | JS09 | JS10 | JS11 | JS12 | JS13 | JS14 | JS15 | JS16 | JS17 | JS18 | JS19 | JS20 |
|---|---|---|---|---|---|---|---|---|---|---|---|---|---|---|---|---|---|---|---|---|
| 销售收入 | 0 | 0 | 0 | 0 | 0 | 0 | 0 | 0 | 0 | 0 | 0 | 0 | 0 | 0 | 0 | 0 | 0 | 0 | 0 | 0 |
| 直接成本 | 0 | 0 | 0 | 0 | 0 | 0 | 0 | 0 | 0 | 0 | 0 | 0 | 0 | 0 | 0 | 0 | 0 | 0 | 0 | 0 |
| 毛利 | 0 | 0 | 0 | 0 | 0 | 0 | 0 | 0 | 0 | 0 | 0 | 0 | 0 | 0 | 0 | 0 | 0 | 0 | 0 | 0 |
| 综合管理费用 | 485 | 244 | 233 | 207 | 175 | 207 | 154 | 455 | 234 | 158 | 190 | 464 | 179 | 241 | 229 | 254 | 303 | 130 | 244 | 210 |

续表

| 用户名 | JS01 | JS02 | JS03 | JS04 | JS05 | JS06 | JS07 | JS08 | JS09 | JS10 | JS11 | JS12 | JS13 | JS14 | JS15 | JS16 | JS17 | JS18 | JS19 | JS20 |
|---|---|---|---|---|---|---|---|---|---|---|---|---|---|---|---|---|---|---|---|---|
| 折旧前利润 | –485 | –244 | –233 | –207 | –175 | –207 | –154 | –455 | –234 | –158 | –190 | –464 | –179 | –241 | –229 | –254 | –303 | –130 | –244 | –210 |
| 折旧 | 0 | 0 | 0 | 0 | 0 | 0 | 0 | 0 | 0 | 0 | 0 | 0 | 0 | 0 | 0 | 0 | 0 | 0 | 0 | 0 |
| 支付利息前利润 | –485 | –244 | –233 | –207 | –175 | –207 | –154 | –455 | –234 | –158 | –190 | –464 | –179 | –241 | –229 | –254 | –303 | –130 | –244 | –210 |
| 财务费用 | 0 | 0 | 0 | 0 | 0 | 0 | 0 | 0 | 0 | 0 | 0 | 0 | 0 | 0 | 0 | 0 | 0 | 0 | 0 | 0 |
| 税前利润 | –485 | –244 | –233 | –207 | –175 | –207 | –154 | –455 | –234 | –158 | –190 | –464 | –179 | –241 | –229 | –254 | –303 | –130 | –244 | –210 |
| 所得税 | 0 | 0 | 0 | 0 | 0 | 0 | 0 | 0 | 0 | 0 | 0 | 0 | 0 | 0 | 0 | 0 | 0 | 0 | 0 | 0 |
| 净利润 | –485 | –244 | –233 | –207 | –175 | –207 | –154 | –455 | –234 | –158 | –190 | –464 | –179 | –241 | –229 | –254 | –303 | –130 | –244 | –210 |

表 4-45 资产负债表

| 用户名 | JS01 | JS02 | JS03 | JS04 | JS05 | JS06 | JS07 | JS08 | JS09 | JS10 | JS11 | JS12 | JS13 | JS14 | JS15 | JS16 | JS17 | JS18 | JS19 | JS20 |
|---|---|---|---|---|---|---|---|---|---|---|---|---|---|---|---|---|---|---|---|---|
| 现金 | 715 | 185 | 13 | 79 | 475 | 19 | 0 | 745 | 344 | 8 | 6 | 1 086 | 7 | 165 | 157 | 12 | 214 | 106 | 145 | 8 |
| 应收款 | 0 | 0 | 0 | 0 | 0 | 0 | 0 | 0 | 0 | 0 | 0 | 0 | 0 | 0 | 0 | 0 | 0 | 0 | 0 | 0 |
| 在制品 | 600 | 150 | 120 | 60 | 0 | 60 | 30 | 600 | 150 | 0 | 150 | 450 | 0 | 0 | 0 | 210 | 300 | 60 | 150 | 150 |
| 产成品 | 0 | 0 | 0 | 0 | 0 | 0 | 0 | 0 | 0 | 0 | 0 | 0 | 0 | 0 | 0 | 0 | 0 | 0 | 0 | 0 |
| 原材料 | 0 | 0 | 0 | 0 | 0 | 0 | 0 | 0 | 0 | 0 | 0 | 0 | 0 | 0 | 0 | 0 | 0 | 0 | 0 | 0 |
| 流动资产合计 | 1 315 | 335 | 133 | 139 | 475 | 79 | 30 | 1 345 | 494 | 8 | 156 | 1 536 | 7 | 165 | 157 | 222 | 514 | 166 | 295 | 158 |
| 土地和建筑 | 0 | 0 | 180 | 400 | 0 | 400 | 400 | 0 | 0 | 400 | 400 | 0 | 400 | 0 | 0 | 400 | 0 | 400 | 0 | 400 |
| 机器与设备 | 800 | 200 | 160 | 80 | 0 | 80 | 40 | 800 | 200 | 0 | 200 | 600 | 0 | 0 | 0 | 280 | 400 | 80 | 200 | 200 |
| 在建工程 | 0 | 0 | 800 | 600 | 0 | 600 | 800 | 0 | 0 | 600 | 0 | 0 | 600 | 800 | 900 | 450 | 0 | 450 | 0 | 0 |
| 固定资产合计 | 800 | 200 | 1 140 | 1 080 | 0 | 1 080 | 1 240 | 800 | 200 | 1 000 | 600 | 600 | 1 000 | 800 | 900 | 1 130 | 400 | 930 | 200 | 600 |

续表

| | | | | | | | | | | | | | | | | | | | | |
|---|---|---|---|---|---|---|---|---|---|---|---|---|---|---|---|---|---|---|---|---|
| 资产总计 | 2 115 | 535 | 1 273 | 1 219 | 475 | 1 159 | 1 270 | 2 145 | 694 | 1 008 | 756 | 2 136 | 1 007 | 965 | 1 057 | 1 352 | 914 | 1 096 | 495 | 758 |
| 长期负债 | 1 950 | 0 | 0 | 0 | 0 | 0 | 0 | 1 950 | 0 | 0 | 0 | 1 950 | 0 | 0 | 0 | 0 | 0 | 0 | 0 | 0 |
| 短期负债 | 0 | 129 | 856 | 776 | 0 | 716 | 774 | 0 | 278 | 516 | 296 | 0 | 536 | 556 | 636 | 956 | 567 | 576 | 89 | 318 |
| 特别贷款 | 0 | 0 | 0 | 0 | 0 | 0 | 0 | 0 | 0 | 0 | 0 | 0 | 0 | 0 | 0 | 0 | 0 | 0 | 0 | 0 |
| 应交税金 | 0 | 0 | 0 | 0 | 0 | 0 | 0 | 0 | 0 | 0 | 0 | 0 | 0 | 0 | 0 | 0 | 0 | 0 | 0 | 0 |
| 负债合计 | 1 950 | 129 | 856 | 776 | 0 | 716 | 774 | 1 950 | 278 | 516 | 296 | 1 950 | 536 | 556 | 636 | 956 | 567 | 576 | 89 | 318 |
| 股东资本 | 650 | 650 | 650 | 650 | 650 | 650 | 650 | 650 | 650 | 650 | 650 | 650 | 650 | 650 | 650 | 650 | 650 | 650 | 650 | 650 |
| 利润留存 | 0 | 0 | 0 | 0 | 0 | 0 | 0 | 0 | 0 | 0 | 0 | 0 | 0 | 0 | 0 | 0 | 0 | 0 | 0 | 0 |
| 年度净利 | –485 | –244 | –233 | –207 | –175 | –207 | –154 | –455 | –234 | –158 | –190 | –464 | –179 | –241 | –229 | –254 | –303 | –130 | –244 | –210 |
| 所有者权益合计 | 165 | 406 | 417 | 443 | 475 | 443 | 496 | 195 | 416 | 492 | 460 | 186 | 471 | 409 | 421 | 396 | 347 | 520 | 406 | 440 |
| 负债和所有者权益总计 | 2 115 | 535 | 1 273 | 1219 | 475 | 1 159 | 1270 | 2145 | 694 | 1 008 | 756 | 2 136 | 1 007 | 965 | 1 057 | 1 352 | 914 | 1 096 | 495 | 758 |

## 2. 第 2 年 3 张表（如表 4-46 至表 4-48 所示）

表 4-46　　综合费用表

| 用户名 | JS01 | JS02 | JS03 | JS04 | JS05 | JS06 | JS07 | JS08 | JS09 | JS10 | JS11 | JS12 | JS13 | JS14 | JS15 | JS16 | JS17 | JS18 | JS19 | JS20 |
|---|---|---|---|---|---|---|---|---|---|---|---|---|---|---|---|---|---|---|---|---|
| 管理费 | 40 | 40 | 40 | 40 | 40 | 40 | 40 | 40 | 40 | 40 | 40 | 40 | 0 | 40 | 40 | 40 | 40 | 40 | 40 | 40 |
| 广告费 | 174 | 171 | 83 | 102 | 133 | 112 | 64 | 184 | 146 | 124 | 133 | 123 | 111 | 122 | 128 | 180 | 185 | 105 | 145 | 157 |
| 设备维护费 | 100 | 65 | 100 | 275 | 70 | 395 | 110 | 100 | 105 | 110 | 50 | 95 | 0 | 345 | 100 | 95 | 50 | 70 | 75 | 130 |
| 转产费 | 0 | 0 | 0 | 0 | 0 | 0 | 0 | 0 | 0 | 0 | 0 | 0 | 0 | 0 | 0 | 0 | 0 | 0 | 0 | 0 |
| 租金 | 176 | 132 | 64 | 88 | 121 | 88 | 88 | 176 | 88 | 88 | 132 | 176 | 0 | 88 | 44 | 88 | 88 | 0 | 132 | 132 |
| 市场准入开拓 | 30 | 30 | 40 | 30 | 30 | 30 | 40 | 30 | 30 | 30 | 30 | 30 | 0 | 30 | 30 | 30 | 30 | 30 | 30 | 30 |
| 产品研发 | 11 | 11 | 11 | 23 | 11 | 13 | 41 | 11 | 20 | 52 | 39 | 13 | 0 | 13 | 23 | 0 | 0 | 30 | 33 | 52 |

续表

| | | | | | | | | | | | | | | | | | | | |
|---|---|---|---|---|---|---|---|---|---|---|---|---|---|---|---|---|---|---|---|
| ISO 认证资格 | 25 | 25 | 25 | 25 | 25 | 25 | 25 | 25 | 25 | 25 | 25 | 25 | 0 | 25 | 25 | 25 | 25 | 25 | 25 | 25 |
| 信息费 | 0 | 0 | 0 | 0 | 0 | 0 | 0 | 0 | 0 | 0 | 0 | 0 | 0 | 0 | 0 | 0 | 0 | 0 | 0 | 0 |
| 其他 | 0 | 0 | 0 | 0 | 0 | 0 | 0 | 0 | 0 | 0 | 0 | 2 | 0 | 0 | 0 | 0 | 0 | 0 | 0 | 20 |
| 合计 | 556 | 474 | 363 | 583 | 430 | 703 | 408 | 566 | 454 | 469 | 449 | 504 | 111 | 663 | 390 | 458 | 418 | 300 | 480 | 586 |

表 4-47 利润表

| 用户名 | JS01 | JS02 | JS03 | JS04 | JS05 | JS06 | JS07 | JS08 | JS09 | JS10 | JS11 | JS12 | JS14 | JS15 | JS16 | JS17 | JS18 | JS19 | JS20 |
|---|---|---|---|---|---|---|---|---|---|---|---|---|---|---|---|---|---|---|---|
| 销售收入 | 2 083 | 1 447 | 1 180 | 1 685 | 1 077 | 1 957 | 1 049 | 1 814 | 1 160 | 1 235 | 1 099 | 2 130 | 1 830 | 1 304 | 1 692 | 1 436 | 665 | 1 436 | 1 471 |
| 直接成本 | 850 | 630 | 460 | 690 | 480 | 810 | 410 | 750 | 480 | 510 | 450 | 940 | 750 | 570 | 750 | 600 | 300 | 630 | 630 |
| 毛利 | 1 233 | 817 | 720 | 995 | 597 | 1 147 | 639 | 1 064 | 680 | 725 | 649 | 1 190 | 1 080 | 734 | 942 | 836 | 365 | 806 | 841 |
| 综合管理费用 | 556 | 474 | 363 | 583 | 430 | 703 | 408 | 566 | 454 | 469 | 449 | 504 | 663 | 390 | 458 | 418 | 300 | 480 | 586 |
| 折旧前利润 | 677 | 343 | 357 | 412 | 167 | 444 | 231 | 498 | 226 | 256 | 200 | 686 | 417 | 344 | 484 | 418 | 65 | 326 | 255 |
| 折旧 | 200 | 50 | 40 | 20 | 0 | 20 | 10 | 200 | 50 | 0 | 50 | 150 | 0 | 0 | 70 | 100 | 20 | 50 | 50 |
| 支付利息前利润 | 477 | 293 | 317 | 392 | 167 | 424 | 221 | 298 | 176 | 256 | 150 | 536 | 417 | 344 | 414 | 318 | 45 | 276 | 205 |
| 财务费用 | 292 | 37 | 83 | 140 | 0 | 132 | 123 | 270 | 13 | 74 | 76 | 262 | 63 | 55 | 177 | 45 | 27 | 68 | 91 |
| 税前利润 | 185 | 256 | 234 | 252 | 167 | 292 | 98 | 28 | 163 | 182 | 74 | 274 | 354 | 289 | 237 | 273 | 18 | 208 | 114 |
| 所得税 | 0 | 3 | 0 | 11 | 0 | 21 | 0 | 0 | 0 | 6 | 0 | 0 | 28 | 15 | 0 | 0 | 0 | 0 | 0 |
| 净利润 | 185 | 253 | 234 | 241 | 167 | 271 | 98 | 28 | 163 | 176 | 74 | 274 | 326 | 274 | 237 | 273 | 18 | 208 | 114 |

表 4-48 资产负债表

| 用户名 | JS01 | JS02 | JS03 | JS04 | JS05 | JS06 | JS07 | JS08 | JS09 | JS10 | JS11 | JS12 | JS14 | JS15 | JS16 | JS17 | JS18 | JS19 | JS20 |
|---|---|---|---|---|---|---|---|---|---|---|---|---|---|---|---|---|---|---|---|
| 类型 | 系统 | 系统 | 系统 | 系统 | 系统 | 系统 | 系统 | 系统 | 系统 | 系统 | 系统 | 系统 | 系统 | 系统 | 系统 | 系统 | 系统 | 系统 | 系统 |
| 现金 | 16 | 203 | 201 | 11 | 493 | 1 | 3 | 3 | 296 | 407 | 3 | 29 | 2 | 428 | 3 | 316 | 538 | 279 | 16 |

续表

| | | | | | | | | | | | | | | | | | | | |
|---|---|---|---|---|---|---|---|---|---|---|---|---|---|---|---|---|---|---|---|
| 应收款 | 824 | 747 | 501 | 943 | 534 | 1 073 | 689 | 830 | 779 | 573 | 811 | 1 041 | 878 | 442 | 758 | 740 | 0 | 443 | 738 |
| 在制品 | 660 | 460 | 280 | 330 | 480 | 300 | 360 | 660 | 270 | 300 | 300 | 570 | 270 | 200 | 340 | 300 | 150 | 500 | 420 |
| 产成品 | 200 | 0 | 0 | 0 | 0 | 30 | 0 | 80 | 0 | 30 | 0 | 150 | 0 | 0 | 60 | 0 | 90 | 60 | 0 |
| 原材料 | 0 | 0 | 0 | 0 | 0 | 0 | 0 | 0 | 20 | 0 | 0 | 10 | 0 | 0 | 0 | 0 | 0 | 0 | 80 |
| 流动资产合计 | 1 700 | 1 410 | 982 | 1 284 | 1 507 | 1 404 | 1 052 | 1 573 | 1 365 | 1 310 | 1 114 | 1 800 | 1 150 | 1 070 | 1 161 | 1 356 | 778 | 1 282 | 1 254 |
| 土地和建筑 | 0 | 0 | 0 | 0 | 0 | 0 | 0 | 0 | 0 | 0 | 0 | 0 | 0 | 0 | 0 | 0 | 400 | 0 | 0 |
| 机器与设备 | 600 | 470 | 920 | 740 | 560 | 660 | 1 030 | 600 | 270 | 840 | 350 | 610 | 840 | 900 | 660 | 300 | 510 | 550 | 470 |
| 在建工程 | 0 | 0 | 0 | 0 | 0 | 0 | 0 | 0 | 0 | 0 | 450 | 0 | 0 | 0 | 0 | 0 | 0 | 0 | 150 |
| 固定资产合计 | 600 | 470 | 920 | 740 | 560 | 660 | 1 030 | 600 | 270 | 840 | 800 | 610 | 840 | 900 | 660 | 300 | 910 | 550 | 620 |
| 资产总计 | 2 300 | 1 880 | 1 902 | 2 024 | 2 067 | 2 064 | 2 082 | 2 173 | 1 635 | 2 150 | 1 914 | 2 410 | 1 990 | 1 970 | 1 821 | 1 656 | 1 688 | 1 832 | 1 874 |
| 长期负债 | 1 950 | 404 | 395 | 114 | 184 | 260 | 474 | 1 950 | 0 | 24 | 504 | 1 950 | 204 | 144 | 172 | 0 | 134 | 331 | 464 |
| 短期负债 | 0 | 814 | 856 | 1 215 | 1 241 | 1 069 | 1 014 | 0 | 1 056 | 1 452 | 876 | 0 | 1 023 | 1 116 | 1 016 | 1 036 | 1 016 | 887 | 856 |
| 特别贷款 | 0 | 0 | 0 | 0 | 0 | 0 | 0 | 0 | 0 | 0 | 0 | 0 | 0 | 0 | 0 | 0 | 0 | 0 | 0 |
| 应交税金 | 0 | 3 | 0 | 11 | 0 | 21 | 0 | 0 | 0 | 6 | 0 | 0 | 28 | 15 | 0 | 0 | 0 | 0 | 0 |
| 负债合计 | 1 950 | 1 221 | 1 251 | 1 340 | 1 425 | 1 350 | 1 488 | 1 950 | 1 056 | 1 482 | 1 380 | 1 950 | 1 255 | 1 275 | 1 188 | 1 036 | 1 150 | 1 218 | 1 320 |
| 股东资本 | 650 | 650 | 650 | 650 | 650 | 650 | 650 | 650 | 650 | 650 | 650 | 650 | 650 | 650 | 650 | 650 | 650 | 650 | 650 |
| 利润留存 | -485 | -244 | -233 | -207 | -175 | -207 | -154 | -455 | -234 | -158 | -190 | -464 | -241 | -229 | -254 | -303 | -130 | -244 | -210 |
| 年度净利 | 185 | 253 | 234 | 241 | 167 | 271 | 98 | 28 | 163 | 176 | 74 | 274 | 326 | 274 | 237 | 273 | 18 | 208 | 114 |
| 所有者权益合计 | 350 | 659 | 651 | 684 | 642 | 714 | 594 | 223 | 579 | 668 | 534 | 460 | 735 | 695 | 633 | 620 | 538 | 614 | 554 |
| 负债和所有者权益总计 | 2 300 | 1 880 | 1 902 | 2 024 | 2 067 | 2 064 | 2 082 | 2 173 | 1 635 | 2 150 | 1 914 | 2 410 | 1 990 | 1 970 | 1 821 | 1 656 | 1 688 | 1 832 | 1 874 |

### 3. 第 3 年 3 张表（如表 4-49 至表 4-51 所示）

表 4-49　　综合费用表

| 用户名 | JS01 | JS02 | JS03 | JS04 | JS05 | JS06 | JS07 | JS08 | JS09 | JS10 | JS11 | JS12 | JS14 | JS15 | JS16 | JS17 | JS18 | JS19 | JS20 |
|---|---|---|---|---|---|---|---|---|---|---|---|---|---|---|---|---|---|---|---|
| 管理费 | 40 | 40 | 40 | 40 | 40 | 40 | 40 | 40 | 40 | 40 | 40 | 40 | 40 | 40 | 40 | 40 | 40 | 40 | 40 |
| 广告费 | 206 | 234 | 260 | 133 | 237 | 150 | 161 | 233 | 293 | 149 | 161 | 161 | 153 | 218 | 256 | 222 | 281 | 177 | 225 |
| 设备维护费 | 100 | 130 | 430 | 340 | 70 | 410 | 110 | 100 | 340 | 240 | 110 | 95 | 345 | 175 | 95 | 75 | 395 | 75 | 150 |
| 转产费 | 0 | 0 | 0 | 0 | 0 | 0 | 0 | 0 | 0 | 0 | 0 | 0 | 0 | 0 | 0 | 0 | 0 | 0 | 0 |
| 租金 | 176 | 176 | 152 | 132 | 165 | 132 | 88 | 176 | 176 | 132 | 132 | 176 | 44 | 88 | 132 | 176 | 44 | 176 | 132 |
| 市场准入开拓 | 20 | 20 | 20 | 20 | 20 | 20 | 30 | 20 | 20 | 20 | 20 | 20 | 20 | 20 | 20 | 20 | 20 | 20 | 20 |
| 产品研发 | 79 | 44 | 53 | 30 | 44 | 40 | 0 | 0 | 20 | 0 | 26 | 0 | 31 | 10 | 30 | 53 | 13 | 62 | 13 |
| ISO 认证资格 | 0 | 0 | 0 | 0 | 0 | 0 | 0 | 0 | 0 | 0 | 0 | 0 | 0 | 0 | 0 | 0 | 15 | 0 | 0 |
| 信息费 | 0 | 0 | 0 | 0 | 0 | 0 | 0 | 0 | 0 | 0 | 0 | 0 | 0 | 0 | 0 | 0 | 0 | 0 | 0 |
| 其他 | 0 | 0 | 0 | 0 | 0 | 0 | 0 | 0 | 0 | 0 | 0 | 0 | 0 | 0 | 0 | 0 | 0 | 0 | 0 |
| 合计 | 621 | 644 | 955 | 695 | 576 | 792 | 429 | 569 | 889 | 581 | 489 | 492 | 633 | 551 | 573 | 586 | 808 | 550 | 580 |

表 4-50　　利润表

| 用户名 | JS01 | JS02 | JS03 | JS04 | JS05 | JS06 | JS07 | JS08 | JS09 | JS10 | JS11 | JS12 | JS14 | JS15 | JS16 | JS17 | JS18 | JS19 | JS20 |
|---|---|---|---|---|---|---|---|---|---|---|---|---|---|---|---|---|---|---|---|
| 销售收入 | 3 227 | 2 307 | 2 868 | 2 373 | 2 168 | 2 552 | 1 564 | 3 086 | 2 675 | 2 163 | 1 744 | 2 844 | 2 235 | 1 903 | 2 273 | 1 817 | 2 390 | 1 897 | 2 001 |
| 直接成本 | 1 330 | 1 000 | 1 200 | 990 | 920 | 1 080 | 630 | 1 280 | 1 110 | 900 | 720 | 1 220 | 930 | 820 | 970 | 750 | 990 | 810 | 840 |
| 毛利 | 1 897 | 1 307 | 1 668 | 1 383 | 1 248 | 1 472 | 934 | 1 806 | 1 565 | 1 263 | 1 024 | 1 624 | 1 305 | 1 083 | 1 303 | 1 067 | 1 400 | 1 087 | 1 161 |
| 综合管理费用 | 621 | 644 | 955 | 695 | 576 | 792 | 429 | 569 | 889 | 581 | 489 | 492 | 633 | 551 | 573 | 586 | 808 | 550 | 580 |
| 折旧前利润 | 1 276 | 663 | 713 | 688 | 672 | 680 | 505 | 1 237 | 676 | 682 | 535 | 1 132 | 672 | 532 | 730 | 481 | 592 | 537 | 581 |
| 折旧 | 200 | 130 | 200 | 160 | 140 | 140 | 220 | 200 | 80 | 180 | 100 | 190 | 170 | 180 | 160 | 100 | 110 | 150 | 130 |
| 支付利息前利润 | 1 076 | 533 | 513 | 528 | 532 | 540 | 285 | 1 037 | 596 | 502 | 435 | 942 | 502 | 352 | 570 | 381 | 482 | 387 | 451 |

续表

| | | | | | | | | | | | | | | | | | | | |
|---|---|---|---|---|---|---|---|---|---|---|---|---|---|---|---|---|---|---|---|
| 财务费用 | 367 | 89 | 162 | 167 | 139 | 100 | 137 | 323 | 140 | 73 | 191 | 351 | 96 | 75 | 174 | 106 | 90 | 116 | 140 |
| 税前利润 | 709 | 444 | 351 | 361 | 393 | 440 | 148 | 714 | 456 | 429 | 244 | 591 | 406 | 277 | 396 | 275 | 392 | 271 | 311 |
| 所得税 | 102 | 111 | 88 | 90 | 96 | 110 | 23 | 72 | 96 | 107 | 32 | 100 | 102 | 69 | 95 | 61 | 70 | 59 | 54 |
| 净利润 | 607 | 333 | 263 | 271 | 297 | 330 | 125 | 642 | 360 | 322 | 212 | 491 | 304 | 208 | 301 | 214 | 322 | 212 | 257 |

表 4-51 资产负债表

| 用户名 | JS01 | JS02 | JS03 | JS04 | JS05 | JS06 | JS07 | JS08 | JS09 | JS10 | JS11 | JS12 | JS14 | JS15 | JS16 | JS17 | JS18 | JS19 | JS20 |
|---|---|---|---|---|---|---|---|---|---|---|---|---|---|---|---|---|---|---|---|
| 类型 | 系统 | 系统 | 系统 | 系统 | 系统 | 系统 | 系统 | 系统 | 系统 | 系统 | 系统 | 系统 | 系统 | 系统 | 系统 | 系统 | 系统 | 系统 | 系统 |
| 现金 | 1 | 55 | 354 | 12 | 325 | 770 | 560 | 643 | 427 | 265 | 505 | 302 | 666 | 169 | 366 | 268 | 78 | 436 | 40 |
| 应收款 | 1 908 | 1 278 | 1 201 | 1 285 | 846 | 976 | 654 | 1 204 | 1 125 | 1 062 | 233 | 1 489 | 854 | 1 373 | 762 | 887 | 1 336 | 560 | 1 395 |
| 在制品 | 660 | 500 | 420 | 420 | 470 | 480 | 380 | 640 | 710 | 510 | 540 | 760 | 360 | 270 | 400 | 450 | 300 | 480 | 600 |
| 产成品 | 30 | 0 | 0 | 0 | 0 | 30 | 120 | 0 | 0 | 0 | 0 | 30 | 0 | 40 | 0 | 0 | 30 | 250 | 0 |
| 原材料 | 10 | 0 | 20 | 0 | 0 | 0 | 0 | 0 | 0 | 0 | 0 | 0 | 0 | 0 | 0 | 0 | 0 | 0 | 0 |
| 流动资产合计 | 2 609 | 1 833 | 1 995 | 1 717 | 1 641 | 2 256 | 1 714 | 2 487 | 2 262 | 1 837 | 1 278 | 2 581 | 1 880 | 1 852 | 1 528 | 1 605 | 1 744 | 1 726 | 2 035 |
| 土地和建筑 | 0 | 0 | 0 | 0 | 0 | 0 | 0 | 0 | 0 | 0 | 0 | 0 | 400 | 0 | 0 | 0 | 400 | 0 | 0 |
| 机器与设备 | 400 | 340 | 760 | 580 | 420 | 640 | 810 | 400 | 510 | 660 | 700 | 420 | 670 | 800 | 500 | 400 | 400 | 400 | 490 |
| 在建工程 | 0 | 900 | 200 | 800 | 900 | 400 | 0 | 0 | 0 | 600 | 400 | 0 | 200 | 400 | 900 | 750 | 0 | 600 | 0 |
| 固定资产合计 | 400 | 1 240 | 960 | 1 380 | 1 320 | 1 040 | 810 | 400 | 510 | 1 260 | 1 100 | 420 | 1 270 | 1 200 | 1 400 | 1 150 | 800 | 1 000 | 490 |
| 资产总计 | 3 009 | 3 073 | 2 955 | 3 097 | 2 961 | 3 296 | 2 524 | 2 887 | 2 772 | 3 097 | 2 378 | 3 001 | 3 150 | 3 052 | 2 928 | 2 755 | 2 544 | 2 726 | 2 525 |
| 长期负债 | 1 950 | 934 | 817 | 524 | 684 | 630 | 768 | 1 950 | 434 | 364 | 724 | 1 950 | 704 | 824 | 503 | 404 | 284 | 894 | 784 |
| 短期负债 | 0 | 1 036 | 1 136 | 1 528 | 1 242 | 1 512 | 1 014 | 0 | 1 303 | 1 636 | 876 | 0 | 1 305 | 1 256 | 1 396 | 1 456 | 1 330 | 947 | 876 |
| 特别贷款 | 0 | 0 | 0 | 0 | 0 | 0 | 0 | 0 | 0 | 0 | 0 | 0 | 0 | 0 | 0 | 0 | 0 | 0 | 0 |
| 应交税金 | 102 | 111 | 88 | 90 | 96 | 110 | 23 | 72 | 96 | 107 | 32 | 100 | 102 | 69 | 95 | 61 | 70 | 59 | 54 |
| 负债合计 | 2 052 | 2 081 | 2 041 | 2 142 | 2 022 | 2 252 | 1 805 | 2 022 | 1 833 | 2 107 | 1 632 | 2 050 | 2 111 | 2 149 | 1 994 | 1 921 | 1 684 | 1 900 | 1 714 |

续表

| | | | | | | | | | | | | | | | | | | | |
|---|---|---|---|---|---|---|---|---|---|---|---|---|---|---|---|---|---|---|---|
| 股东资本 | 650 | 650 | 650 | 650 | 650 | 650 | 650 | 650 | 650 | 650 | 650 | 650 | 650 | 650 | 650 | 650 | 650 | 650 | 650 |
| 利润留存 | −300 | 9 | 1 | 34 | −8 | 64 | −56 | −427 | −71 | 18 | −116 | −190 | 85 | 45 | −17 | −30 | −112 | −36 | −96 |
| 年度净利 | 607 | 333 | 263 | 271 | 297 | 330 | 125 | 642 | 360 | 322 | 212 | 491 | 304 | 208 | 301 | 214 | 322 | 212 | 257 |
| 所有者权益合计 | 957 | 992 | 914 | 955 | 939 | 1 044 | 719 | 865 | 939 | 990 | 746 | 951 | 1 039 | 903 | 934 | 834 | 860 | 826 | 811 |
| 负债和所有者权益总计 | 3 009 | 3 073 | 2 955 | 3 097 | 2 961 | 3 296 | 2 524 | 2 887 | 2 772 | 3 097 | 2 378 | 3 001 | 3 150 | 3 052 | 2 928 | 2 755 | 2 544 | 2 726 | 2 525 |

### 4. 第 4 年 3 张表（如表 4-52 至表 4-54 所示）

表 4-52 综合费用表

| 用户名 | JS01 | JS02 | JS03 | JS04 | JS05 | JS06 | JS07 | JS08 | JS09 | JS10 | JS11 | JS12 | JS14 | JS15 | JS16 | JS17 | JS18 | JS19 | JS20 |
|---|---|---|---|---|---|---|---|---|---|---|---|---|---|---|---|---|---|---|---|
| 管理费 | 40 | 40 | 40 | 40 | 40 | 40 | 40 | 40 | 40 | 40 | 40 | 40 | 40 | 40 | 40 | 40 | 40 | 40 | 40 |
| 广告费 | 260 | 242 | 321 | 411 | 294 | 394 | 206 | 144 | 362 | 302 | 204 | 242 | 304 | 176 | 369 | 339 | 353 | 275 | 333 |
| 设备维护费 | 210 | 245 | 445 | 420 | 170 | 450 | 110 | 50 | 315 | 300 | 150 | 70 | 365 | 215 | 195 | 150 | 420 | 130 | 145 |
| 转产费 | 0 | 0 | 0 | 0 | 0 | 0 | 0 | 0 | 0 | 0 | 0 | 0 | 0 | 0 | 0 | 0 | 0 | 0 | 0 |
| 租金 | 88 | 132 | 152 | 132 | 121 | 44 | 176 | 176 | 132 | 176 | 176 | 176 | 0 | 132 | 176 | 176 | 132 | 176 | 132 |
| 市场准入开拓 | 10 | 10 | 10 | 10 | 10 | 10 | 10 | 10 | 10 | 10 | 10 | 10 | 10 | 10 | 10 | 10 | 10 | 10 | 10 |
| 产品研发 | 26 | 23 | 82 | 53 | 43 | 64 | 66 | 0 | 37 | 71 | 10 | 11 | 44 | 37 | 52 | 63 | 52 | 33 | 31 |
| ISO 认证资格 | 0 | 0 | 0 | 0 | 0 | 0 | 0 | 0 | 0 | 0 | 0 | 0 | 0 | 0 | 0 | 0 | 0 | 0 | 0 |
| 信息费 | 0 | 0 | 0 | 0 | 0 | 0 | 0 | 0 | 0 | 0 | 0 | 0 | 0 | 0 | 0 | 0 | 0 | 0 | 0 |
| 其他 | 110 | 10 | 10 | 0 | 0 | 76 | 0 | 100 | 170 | 0 | 0 | 50 | 0 | 0 | 0 | 50 | 0 | 10 | 10 |
| 合计 | 744 | 702 | 1 060 | 1 066 | 678 | 1 078 | 608 | 520 | 1 066 | 899 | 590 | 599 | 763 | 610 | 842 | 828 | 1 007 | 674 | 701 |

表 4-53 利润表

| 用户名 | JS01 | JS02 | JS03 | JS04 | JS05 | JS06 | JS07 | JS08 | JS09 | JS10 | JS11 | JS12 | JS14 | JS15 | JS16 | JS17 | JS18 | JS19 | JS20 |
|---|---|---|---|---|---|---|---|---|---|---|---|---|---|---|---|---|---|---|---|
| 销售收入 | 2 972 | 3 262 | 3 339 | 3 800 | 3 059 | 3 879 | 2 364 | 2 153 | 2 781 | 3 230 | 2 787 | 2 262 | 2 410 | 2 285 | 2 785 | 2 974 | 2 982 | 3 038 | 2 779 |
| 直接成本 | 1 230 | 1 400 | 1 400 | 1 630 | 1 320 | 1 590 | 970 | 890 | 1 230 | 1 350 | 1 230 | 980 | 990 | 1 010 | 1 230 | 1 300 | 1 230 | 1 350 | 1 140 |
| 毛利 | 1 742 | 1 862 | 1 939 | 2 170 | 1 739 | 2 289 | 1 394 | 1 263 | 1 551 | 1 880 | 1 557 | 1 282 | 1 420 | 1 275 | 1 555 | 1 674 | 1 752 | 1 688 | 1 639 |
| 综合管理费用 | 744 | 702 | 1 060 | 1 066 | 678 | 1 078 | 608 | 520 | 1 066 | 899 | 590 | 599 | 763 | 610 | 842 | 828 | 1 007 | 674 | 701 |
| 折旧前利润 | 998 | 1 160 | 879 | 1 104 | 1 061 | 1 211 | 786 | 743 | 485 | 981 | 967 | 683 | 657 | 665 | 713 | 846 | 745 | 1 014 | 938 |
| 折旧 | 160 | 120 | 200 | 160 | 140 | 170 | 220 | 100 | 110 | 180 | 190 | 140 | 170 | 200 | 160 | 100 | 110 | 140 | 150 |
| 支付利息前利润 | 838 | 1 040 | 679 | 944 | 921 | 1 041 | 566 | 643 | 375 | 801 | 777 | 543 | 487 | 465 | 553 | 746 | 635 | 874 | 788 |
| 财务费用 | 318 | 188 | 168 | 213 | 153 | 145 | 143 | 195 | 130 | 136 | 192 | 299 | 159 | 161 | 197 | 208 | 158 | 185 | 203 |
| 税前利润 | 520 | 852 | 511 | 731 | 768 | 896 | 423 | 448 | 245 | 665 | 585 | 244 | 328 | 304 | 356 | 538 | 477 | 689 | 585 |
| 所得税 | 130 | 213 | 128 | 183 | 192 | 224 | 106 | 112 | 61 | 166 | 146 | 61 | 82 | 76 | 89 | 135 | 119 | 172 | 146 |
| 净利润 | 390 | 639 | 383 | 548 | 576 | 672 | 317 | 336 | 184 | 499 | 439 | 183 | 246 | 228 | 267 | 403 | 358 | 517 | 439 |

表 4-54 资产负债表

| 用户名 | JS01 | JS02 | JS03 | JS04 | JS05 | JS06 | JS07 | JS08 | JS09 | JS10 | JS11 | JS12 | JS14 | JS15 | JS16 | JS17 | JS18 | JS19 | JS20 |
|---|---|---|---|---|---|---|---|---|---|---|---|---|---|---|---|---|---|---|---|
| 类型 | 系统 | 系统 | 系统 | 系统 | 系统 | 系统 | 系统 | 系统 | 系统 | 系统 | 系统 | 系统 | 系统 | 系统 | 系统 | 系统 | 系统 | 系统 | 系统 |
| 现金 | 1 182 | 498 | 618 | 1 121 | 660 | 1 040 | 3 | 786 | 332 | 796 | 3 | 1 317 | 1 294 | 604 | 252 | 257 | 499 | 1 359 | 437 |
| 应收款 | 1 221 | 1 942 | 1 547 | 1 299 | 1 574 | 1 862 | 886 | 972 | 1 119 | 1 149 | 1 396 | 781 | 231 | 1 052 | 978 | 1 255 | 1 448 | 527 | 1 099 |
| 在制品 | 680 | 680 | 460 | 530 | 710 | 500 | 300 | 300 | 510 | 600 | 510 | 740 | 420 | 320 | 510 | 480 | 450 | 660 | 460 |
| 产成品 | 0 | 0 | 0 | 0 | 0 | 0 | 0 | 0 | 340 | 0 | 0 | 0 | 90 | 190 | 210 | 30 | 30 | 0 | 0 |
| 原材料 | 0 | 0 | 0 | 0 | 0 | 0 | 20 | 0 | 0 | 0 | 0 | 80 | 0 | 0 | 0 | 0 | 0 | 0 | 10 |
| 流动资产合计 | 3 083 | 3 120 | 2 625 | 2 950 | 2 944 | 3 402 | 1 209 | 2 058 | 2 301 | 2 545 | 1 909 | 2 918 | 2 035 | 2 166 | 1 950 | 2 022 | 2 427 | 2 546 | 2 006 |

续表

| | | | | | | | | | | | | | | | | | | | |
|---|---|---|---|---|---|---|---|---|---|---|---|---|---|---|---|---|---|---|---|
| 土地和建筑 | 800 | 400 | 0 | 0 | 400 | 800 | 0 | 0 | 400 | 0 | 0 | 0 | 1 200 | 0 | 0 | 0 | 400 | 0 | 400 |
| 机器与设备 | 160 | 1 100 | 740 | 1 220 | 1 180 | 870 | 590 | 100 | 300 | 1 080 | 910 | 180 | 700 | 1 000 | 1 240 | 950 | 490 | 840 | 320 |
| 在建工程 | 300 | 200 | 800 | 0 | 0 | 0 | 1 500 | 1 750 | 1 000 | 1 000 | 750 | 950 | 400 | 750 | 900 | 900 | 600 | 600 | 1 100 |
| 固定资产合计 | 1 260 | 1 700 | 1 540 | 1 220 | 1 580 | 1 670 | 2 090 | 1 850 | 1 700 | 2 080 | 1 660 | 1 130 | 2 300 | 1 750 | 2 140 | 1 850 | 1 490 | 1 440 | 1 820 |
| 资产总计 | 4 343 | 4 820 | 4 165 | 4 170 | 4 524 | 5 072 | 3 299 | 3 908 | 4 001 | 4 625 | 3 569 | 4 048 | 4 335 | 3 916 | 4 090 | 3 872 | 3 917 | 3 986 | 3 826 |
| 长期负债 | 1 750 | 1 504 | 1 464 | 1 104 | 1 574 | 1 140 | 1 143 | 1 950 | 994 | 1 074 | 1 082 | 1 410 | 1 484 | 1 433 | 1 044 | 784 | 924 | 1 484 | 1 094 |
| 短期负债 | 1 116 | 1 472 | 1 276 | 1 380 | 1 243 | 1 992 | 1 014 | 645 | 1 823 | 1 896 | 1 156 | 1 443 | 1 484 | 1 276 | 1 756 | 1 716 | 1 656 | 987 | 1 336 |
| 特别贷款 | 0 | 0 | 0 | 0 | 0 | 0 | 0 | 0 | 0 | 0 | 0 | 0 | 0 | 0 | 0 | 0 | 0 | 0 | 0 |
| 应交税金 | 130 | 213 | 128 | 183 | 192 | 224 | 106 | 112 | 61 | 166 | 146 | 61 | 82 | 76 | 89 | 135 | 119 | 172 | 146 |
| 负债合计 | 2 996 | 3 189 | 2 868 | 2 667 | 3 009 | 3 356 | 2 263 | 2 707 | 2 878 | 3 136 | 2 384 | 2 914 | 3 050 | 2 785 | 2 889 | 2 635 | 2 699 | 2 643 | 2 576 |
| 股东资本 | 650 | 650 | 650 | 650 | 650 | 650 | 650 | 650 | 650 | 650 | 650 | 650 | 650 | 650 | 650 | 650 | 650 | 650 | 650 |
| 利润留存 | 307 | 342 | 264 | 305 | 289 | 394 | 69 | 215 | 289 | 340 | 96 | 301 | 389 | 253 | 284 | 184 | 210 | 176 | 161 |
| 年度净利 | 390 | 639 | 383 | 548 | 576 | 672 | 317 | 336 | 184 | 499 | 439 | 183 | 246 | 228 | 267 | 403 | 358 | 517 | 439 |
| 所有者权益合计 | 1 347 | 1 631 | 1 297 | 1 503 | 1 515 | 1 716 | 1 036 | 1 201 | 1 123 | 1 489 | 1 185 | 1 134 | 1 285 | 1 131 | 1 201 | 1 237 | 1 218 | 1 343 | 1 250 |
| 负债和所有者权益总计 | 4 343 | 4 820 | 4 165 | 4 170 | 4 524 | 5 072 | 3 299 | 3 908 | 4 001 | 4 625 | 3 569 | 4 048 | 4 335 | 3 916 | 4 090 | 3 872 | 3 917 | 3 986 | 3 826 |

## 5. 第 5 年 3 张表（如表 4-55 至表 4-57 所示）

表 4-55　　综合费用表

| 用户名 | JS01 | JS02 | JS03 | JS04 | JS05 | JS06 | JS07 | JS08 | JS09 | JS10 | JS11 | JS12 | JS14 | JS15 | JS16 | JS17 | JS18 | JS19 | JS20 |
|---|---|---|---|---|---|---|---|---|---|---|---|---|---|---|---|---|---|---|---|
| 管理费 | 40 | 40 | 40 | 40 | 40 | 40 | 40 | 40 | 40 | 40 | 40 | 40 | 40 | 40 | 40 | 40 | 40 | 40 | 40 |
| 广告费 | 198 | 180 | 483 | 430 | 360 | 745 | 388 | 220 | 452 | 467 | 286 | 351 | 471 | 368 | 635 | 634 | 737 | 312 | 539 |

续表

| | | | | | | | | | | | | | | | | | | | |
|---|---|---|---|---|---|---|---|---|---|---|---|---|---|---|---|---|---|---|---|
| 设备维护费 | 200 | 205 | 510 | 400 | 130 | 440 | 310 | 200 | 360 | 370 | 230 | 155 | 405 | 315 | 290 | 225 | 470 | 160 | 235 |
| 转产费 | 0 | 0 | 0 | 0 | 0 | 0 | 0 | 0 | 0 | 0 | 0 | 0 | 0 | 0 | 0 | 0 | 0 | 0 | 0 |
| 租金 | 0 | 44 | 176 | 88 | 33 | 0 | 176 | 176 | 132 | 176 | 132 | 176 | 0 | 176 | 132 | 176 | 132 | 88 | 88 |
| 市场准入开拓 | 0 | 0 | 0 | 0 | 0 | 0 | 10 | 0 | 0 | 0 | 0 | 0 | 0 | 0 | 0 | 0 | 0 | 0 | 0 |
| 产品研发 | 0 | 59 | 0 | 22 | 52 | 11 | 39 | 13 | 83 | 44 | 41 | 44 | 40 | 70 | 24 | 44 | 44 | 22 | 44 |
| ISO 认证资格 | 0 | 0 | 0 | 0 | 0 | 0 | 0 | 0 | 0 | 0 | 0 | 0 | 0 | 0 | 0 | 0 | 0 | 0 | 0 |
| 信息费 | 0 | 0 | 0 | 0 | 0 | 0 | 0 | 0 | 0 | 0 | 0 | 0 | 0 | 0 | 0 | 0 | 0 | 0 | 0 |
| 其他 | 120 | 80 | 60 | 20 | 80 | 120 | 0 | 50 | 250 | 60 | 120 | 0 | 0 | 0 | 0 | 0 | 0 | 60 | 60 |
| 合计 | 558 | 608 | 1 269 | 1 000 | 695 | 1 356 | 963 | 699 | 1 317 | 1 157 | 849 | 766 | 956 | 969 | 1 121 | 1 119 | 1 423 | 682 | 1 006 |

表 4-56　利润表

| 用户名 | JS01 | JS02 | JS03 | JS04 | JS05 | JS06 | JS07 | JS08 | JS09 | JS10 | JS11 | JS12 | JS14 | JS15 | JS16 | JS17 | JS18 | JS19 | JS20 |
|---|---|---|---|---|---|---|---|---|---|---|---|---|---|---|---|---|---|---|---|
| 销售收入 | 2 308 | 2 795 | 4 134 | 3 112 | 2 756 | 3 810 | 3 281 | 2 278 | 3 841 | 3 591 | 2 227 | 2 227 | 3 416 | 3 093 | 4 323 | 3 732 | 3 885 | 1 795 | 3 350 |
| 直接成本 | 1 030 | 1 160 | 1 790 | 1 370 | 1 230 | 1 650 | 1 490 | 1 020 | 1 760 | 1 500 | 930 | 980 | 1 470 | 1 380 | 1 920 | 1 580 | 1 680 | 760 | 1 520 |
| 毛利 | 1 278 | 1 635 | 2 344 | 1 742 | 1 526 | 2 160 | 1 791 | 1 258 | 2 081 | 2 091 | 1 297 | 1 247 | 1 946 | 1 713 | 2 403 | 2 152 | 2 205 | 1 035 | 1 830 |
| 综合管理费用 | 558 | 608 | 1 269 | 1 000 | 695 | 1 356 | 963 | 699 | 1 317 | 1 157 | 849 | 766 | 956 | 969 | 1 121 | 1 119 | 1 423 | 682 | 1 006 |
| 折旧前利润 | 720 | 1 027 | 1 075 | 742 | 831 | 804 | 828 | 559 | 764 | 934 | 448 | 481 | 990 | 744 | 1 282 | 1 033 | 782 | 353 | 824 |
| 折旧 | 0 | 180 | 210 | 280 | 240 | 230 | 210 | 0 | 0 | 240 | 220 | 40 | 210 | 280 | 270 | 200 | 140 | 160 | 50 |
| 支付利息前利润 | 720 | 847 | 865 | 462 | 591 | 574 | 618 | 559 | 764 | 694 | 228 | 441 | 780 | 464 | 1 012 | 833 | 642 | 193 | 774 |
| 财务费用 | 243 | 227 | 224 | 178 | 258 | 223 | 290 | 269 | 295 | 200 | 224 | 228 | 222 | 205 | 257 | 266 | 238 | 196 | 251 |
| 税前利润 | 477 | 620 | 641 | 284 | 333 | 351 | 328 | 290 | 469 | 494 | 4 | 213 | 558 | 259 | 755 | 567 | 404 | −3 | 523 |
| 所得税 | 119 | 155 | 160 | 71 | 83 | 88 | 82 | 73 | 117 | 124 | 1 | 53 | 140 | 65 | 189 | 142 | 101 | 0 | 131 |
| 净利润 | 358 | 465 | 481 | 213 | 250 | 263 | 246 | 217 | 352 | 370 | 3 | 160 | 418 | 194 | 566 | 425 | 303 | −3 | 392 |

表 4-57 资产负债表

| 用户名 | JS01 | JS02 | JS03 | JS04 | JS05 | JS06 | JS07 | JS08 | JS09 | JS10 | JS11 | JS12 | JS14 | JS15 | JS16 | JS17 | JS18 | JS19 | JS20 |
|---|---|---|---|---|---|---|---|---|---|---|---|---|---|---|---|---|---|---|---|
| 类型 | 系统 | 系统 | 系统 | 系统 | 系统 | 系统 | 系统 | 系统 | 系统 | 系统 | 系统 | 系统 | 系统 | 系统 | 系统 | 系统 | 系统 | 系统 | 系统 |
| 现金 | 1 284 | 1 056 | 570 | 1 033 | 1 702 | 1 616 | 465 | 1 036 | 693 | 265 | 1 307 | 907 | 909 | 933 | 888 | 502 | 564 | 1 490 | 849 |
| 应收款 | 610 | 1 195 | 2 759 | 2 074 | 621 | 1 819 | 1 317 | 1 208 | 1 168 | 2 385 | 70 | 566 | 1 734 | 726 | 1 328 | 1 983 | 2 302 | 309 | 1 674 |
| 在制品 | 440 | 320 | 450 | 490 | 350 | 440 | 740 | 400 | 420 | 540 | 930 | 490 | 360 | 620 | 820 | 580 | 480 | 510 | 540 |
| 产成品 | 150 | 0 | 0 | 90 | 110 | 0 | 40 | 60 | 60 | 330 | 390 | 480 | 0 | 270 | 60 | 0 | 0 | 790 | 0 |
| 原材料 | 120 | 50 | 0 | 0 | 30 | 20 | 30 | 40 | 20 | 10 | 0 | 80 | 0 | 10 | 0 | 0 | 0 | 10 | 10 |
| 流动资产合计 | 2 604 | 2 621 | 3 779 | 3 687 | 2 813 | 3 895 | 2 592 | 2 744 | 2 361 | 3 530 | 2 697 | 2 523 | 3 003 | 2 559 | 3 096 | 3 065 | 3 346 | 3 109 | 3 073 |
| 土地和建筑 | 1 600 | 1 200 | 0 | 400 | 1 200 | 1 600 | 0 | 0 | 400 | 0 | 400 | 0 | 1 200 | 0 | 400 | 0 | 400 | 800 | 800 |
| 机器与设备 | 360 | 920 | 1 300 | 880 | 780 | 620 | 1 880 | 1 750 | 1 000 | 1 720 | 1 440 | 1 020 | 890 | 1 470 | 1 860 | 1 600 | 930 | 1 160 | 1 250 |
| 在建工程 | 1 300 | 2 400 | 750 | 700 | 1 600 | 1 100 | 0 | 600 | 1 200 | 1 200 | 200 | 1 200 | 600 | 750 | 200 | 850 | 600 | 300 | 400 |
| 固定资产合计 | 3 260 | 4 520 | 2 050 | 1 980 | 3 580 | 3 320 | 1 880 | 2 350 | 2 600 | 2 920 | 2 040 | 2 220 | 2 690 | 2 220 | 2 460 | 2 450 | 1 930 | 2 260 | 2 450 |
| 资产总计 | 5 864 | 7 141 | 5 829 | 5 667 | 6 393 | 7 215 | 4 472 | 5 094 | 4 961 | 6 450 | 4 737 | 4 743 | 5 693 | 4 779 | 5 556 | 5 515 | 5 276 | 5 369 | 5 523 |
| 长期负债 | 1 284 | 2 314 | 2 184 | 1 604 | 2 194 | 2 140 | 1 533 | 1 754 | 1 544 | 1 854 | 1 812 | 960 | 2 134 | 2 013 | 1 804 | 1 424 | 1 644 | 1 684 | 1 894 |
| 短期负债 | 2 756 | 2 576 | 1 707 | 2 276 | 2 351 | 3 008 | 1 575 | 1 849 | 1 825 | 2 613 | 1 736 | 2 436 | 1 716 | 1 376 | 1 796 | 2 287 | 2 010 | 2 345 | 1 856 |
| 特别贷款 | 0 | 0 | 0 | 0 | 0 | 0 | 0 | 0 | 0 | 0 | 0 | 0 | 0 | 0 | 0 | 0 | 0 | 0 | 0 |
| 应交税金 | 119 | 155 | 160 | 71 | 83 | 88 | 82 | 73 | 117 | 124 | 1 | 53 | 140 | 65 | 189 | 142 | 101 | 0 | 131 |
| 负债合计 | 4 159 | 5 045 | 4 051 | 3 951 | 4 628 | 5 236 | 3 190 | 3 676 | 3 486 | 4 591 | 3 549 | 3 449 | 3 990 | 3 454 | 3 789 | 3 853 | 3 755 | 4 029 | 3 881 |
| 股东资本 | 650 | 650 | 650 | 650 | 650 | 650 | 650 | 650 | 650 | 650 | 650 | 650 | 650 | 650 | 650 | 650 | 650 | 650 | 650 |
| 利润留存 | 697 | 981 | 647 | 853 | 865 | 1 066 | 386 | 551 | 473 | 839 | 535 | 484 | 635 | 481 | 551 | 587 | 568 | 693 | 600 |
| 年度净利 | 358 | 465 | 481 | 213 | 250 | 263 | 246 | 217 | 352 | 370 | 3 | 160 | 418 | 194 | 566 | 425 | 303 | −3 | 392 |
| 所有者权益合计 | 1 705 | 2 096 | 1 778 | 1 716 | 1 765 | 1 979 | 1 282 | 1 418 | 1 475 | 1 859 | 1 188 | 1 294 | 1 703 | 1 325 | 1 767 | 1 662 | 1 521 | 1 340 | 1 642 |
| 负债和所有者权益总计 | 5 864 | 7 141 | 5 829 | 5 667 | 6 393 | 7 215 | 4 472 | 5 094 | 4 961 | 6 450 | 4 737 | 4 743 | 5 693 | 4 779 | 5 556 | 5 515 | 5 276 | 5 369 | 5 523 |

**6. 第6年3张表（如表4-58至表4-60所示）**

表4-58 综合费用表

| 用户名 | JS01 | JS02 | JS03 | JS04 | JS05 | JS06 | JS07 | JS08 | JS09 | JS10 | JS11 | JS12 | JS14 | JS15 | JS16 | JS17 | JS18 | JS19 | JS20 |
|---|---|---|---|---|---|---|---|---|---|---|---|---|---|---|---|---|---|---|---|
| 管理费 | 40 | 40 | 40 | 40 | 40 | 40 | 0 | 40 | 40 | 40 | 40 | 40 | 40 | 40 | 40 | 40 | 40 | 40 | 40 |
| 广告费 | 506 | 922 | 954 | 479 | 602 | 826 | 860 | 495 | 704 | 933 | 441 | 773 | 635 | 921 | 806 | 883 | 936 | 322 | 624 |
| 设备维护费 | 490 | 445 | 625 | 580 | 380 | 625 | 0 | 400 | 580 | 490 | 200 | 430 | 500 | 405 | 400 | 400 | 550 | 300 | 225 |
| 转产费 | 0 | 0 | 0 | 0 | 0 | 0 | 0 | 0 | 0 | 0 | 0 | 0 | 0 | 0 | 0 | 0 | 0 | 0 | 0 |
| 租金 | 0 | 0 | 0 | 0 | 0 | 0 | 0 | 0 | 0 | 0 | 0 | 0 | 0 | 88 | 0 | 0 | 44 | 44 | 0 |
| 市场准入开拓 | 0 | 0 | 0 | 0 | 0 | 0 | 0 | 0 | 0 | 0 | 0 | 0 | 0 | 0 | 0 | 0 | 0 | 0 | 0 |
| 产品研发 | 0 | 13 | 0 | 0 | 0 | 0 | 0 | 122 | 0 | 0 | 44 | 0 | 0 | 0 | 44 | 0 | 21 | 0 | 0 |
| ISO认证资格 | 0 | 0 | 0 | 0 | 0 | 0 | 0 | 0 | 0 | 0 | 0 | 0 | 0 | 0 | 0 | 0 | 0 | 0 | 0 |
| 信息费 | 0 | 0 | 0 | 0 | 0 | 0 | 0 | 0 | 0 | 0 | 0 | 0 | 0 | 0 | 0 | 0 | 0 | 0 | 0 |
| 其他 | 500 | 0 | 10 | 120 | 60 | 30 | 0 | 0 | 0 | 0 | 0 | 182 | 0 | 90 | 0 | 140 | 62 | 0 | 120 |
| 合计 | 1 536 | 1 420 | 1 629 | 1 219 | 1 082 | 1 521 | 860 | 1 057 | 1 324 | 1 463 | 725 | 1 425 | 1 175 | 1 544 | 1 290 | 1 463 | 1 653 | 706 | 1 009 |

表4-59 利润表

| 用户名 | JS01 | JS02 | JS03 | JS04 | JS05 | JS06 | JS08 | JS09 | JS10 | JS11 | JS12 | JS14 | JS15 | JS16 | JS17 | JS18 | JS19 | JS20 |
|---|---|---|---|---|---|---|---|---|---|---|---|---|---|---|---|---|---|---|
| 销售收入 | 3 718 | 5 268 | 4 594 | 2 688 | 3 281 | 3 711 | 2 868 | 3 912 | 5 736 | 3 584 | 4 411 | 2 807 | 4 533 | 4 654 | 4 262 | 3 171 | 2 476 | 2 847 |
| 直接成本 | 1 490 | 2 030 | 1 950 | 1 190 | 1 430 | 1 510 | 1 220 | 1 580 | 2 320 | 1 660 | 1 840 | 1 160 | 2 010 | 1 980 | 1 840 | 1 450 | 1 000 | 1 230 |
| 毛利 | 2 228 | 3 238 | 2 644 | 1 498 | 1 851 | 2 201 | 1 648 | 2 332 | 3 416 | 1 924 | 2 571 | 1 647 | 2 523 | 2 674 | 2 422 | 1 721 | 1 476 | 1 617 |
| 综合管理费用 | 1 536 | 1 420 | 1 629 | 1 219 | 1 082 | 1 521 | 1 057 | 1 324 | 1 463 | 725 | 1 425 | 1 175 | 1 544 | 1 290 | 1 463 | 1 653 | 706 | 1 009 |
| 折旧前利润 | 692 | 1 818 | 1 015 | 279 | 769 | 680 | 591 | 1 008 | 1 953 | 1 199 | 1 146 | 472 | 979 | 1 384 | 959 | 68 | 770 | 608 |
| 折旧 | 60 | 220 | 360 | 280 | 180 | 200 | 350 | 200 | 440 | 320 | 190 | 280 | 410 | 450 | 360 | 260 | 240 | 250 |
| 支付利息前利润 | 632 | 1 598 | 655 | −1 | 589 | 480 | 241 | 808 | 1 513 | 879 | 956 | 192 | 569 | 934 | 599 | −192 | 530 | 358 |

续表

| | | | | | | | | | | | | | | | | | |
|---|---|---|---|---|---|---|---|---|---|---|---|---|---|---|---|---|---|
| 财务费用 | 321 | 416 | 475 | 295 | 383 | 398 | 456 | 426 | 546 | 330 | 384 | 310 | 449 | 347 | 361 | 391 | 380 | 332 |
| 税前利润 | 311 | 1 182 | 180 | –296 | 206 | 82 | –215 | 382 | 967 | 549 | 572 | –118 | 120 | 587 | 238 | –583 | 150 | 26 |
| 所得税 | 78 | 296 | 45 | 0 | 52 | 21 | 0 | 96 | 242 | 137 | 143 | 0 | 30 | 147 | 60 | 0 | 37 | 7 |
| 净利润 | 233 | 886 | 135 | –296 | 154 | 61 | –215 | 286 | 725 | 412 | 429 | –118 | 90 | 440 | 178 | –583 | 113 | 19 |

表 4-60 资产负债表

| 用户名 | JS01 | JS02 | JS03 | JS04 | JS05 | JS06 | JS08 | JS09 | JS10 | JS11 | JS12 | JS14 | JS15 | JS16 | JS17 | JS18 | JS19 | JS20 |
|---|---|---|---|---|---|---|---|---|---|---|---|---|---|---|---|---|---|---|
| 类型 | 系统 | 系统 | 系统 | 系统 | 系统 | 系统 | 系统 | 系统 | 系统 | 系统 | 系统 | 系统 | 系统 | 系统 | 系统 | 系统 | 系统 | 系统 |
| 现金 | 761 | 926 | 1 367 | 1 357 | 1 248 | 2 009 | 46 | 4 | 693 | 1 402 | 630 | 1 752 | 437 | 10 | 749 | 729 | 1 526 | 761 |
| 应收款 | 1 920 | 3 740 | 2 435 | 1 201 | 1 338 | 1 919 | 911 | 1 768 | 3 430 | 649 | 1 128 | 1 275 | 2 093 | 3 485 | 2 187 | 2 172 | 54 | 1 953 |
| 在制品 | 0 | 0 | 0 | 0 | 0 | 0 | 0 | 0 | 0 | 0 | 0 | 0 | 0 | 0 | 0 | 0 | 0 | 0 |
| 产成品 | 0 | 0 | 0 | 0 | 0 | 0 | 0 | 0 | 0 | 0 | 0 | 0 | 120 | 0 | 0 | 0 | 0 | 60 |
| 原材料 | 110 | 200 | 70 | 260 | 140 | 260 | 0 | 160 | 200 | 430 | 240 | 240 | 200 | 110 | 150 | 30 | 240 | 80 |
| 流动资产合计 | 2 791 | 4 866 | 3 872 | 2 818 | 2 726 | 4 188 | 957 | 1 932 | 4 323 | 2 481 | 1 998 | 3 267 | 2 850 | 3 605 | 3 086 | 2 931 | 1 820 | 2 854 |
| 土地和建筑 | 1 600 | 1 600 | 1 600 | 1 600 | 1 500 | 1 600 | 1 600 | 1 600 | 1 600 | 1 600 | 1 600 | 1 600 | 800 | 1 600 | 1 600 | 1 200 | 1 200 | 1 600 |
| 机器与设备 | 2 740 | 3 100 | 1 820 | 2 150 | 3 040 | 2 210 | 2 900 | 2 750 | 2 480 | 1 220 | 2 150 | 1 500 | 1 770 | 2 450 | 2 200 | 1 370 | 2 490 | 1 090 |
| 在建工程 | 0 | 0 | 0 | 0 | 0 | 0 | 0 | 0 | 0 | 0 | 0 | 0 | 0 | 0 | 0 | 0 | 0 | 1 050 |
| 固定资产合计 | 4 340 | 4 700 | 3 420 | 3 750 | 4 540 | 3 810 | 4 500 | 4 350 | 4 080 | 2 820 | 3 750 | 3 100 | 2 570 | 4 050 | 3 800 | 2 570 | 3 690 | 3 740 |
| 资产总计 | 7 131 | 9 566 | 7 292 | 6 568 | 7 266 | 7 998 | 5 457 | 6 282 | 8 403 | 5 301 | 5 748 | 6 367 | 5 420 | 7 655 | 6 886 | 5 501 | 5 510 | 6 594 |
| 长期负债 | 2 359 | 3 712 | 3 627 | 2 872 | 2 944 | 2 929 | 2 405 | 2 600 | 2 964 | 1 828 | 1 446 | 3 384 | 2 599 | 3 505 | 2 699 | 2 553 | 1 684 | 3 070 |
| 短期负债 | 2 756 | 2 576 | 1 707 | 2 276 | 2 351 | 3 008 | 1 849 | 1 825 | 2 613 | 1 736 | 2 436 | 1 398 | 1 376 | 1 796 | 2 287 | 2 010 | 2 336 | 1 856 |
| 特别贷款 | 0 | 0 | 0 | 0 | 0 | 0 | 0 | 0 | 0 | 0 | 0 | 0 | 0 | 0 | 0 | 0 | 0 | 0 |
| 应交税金 | 78 | 296 | 45 | 0 | 52 | 21 | 0 | 96 | 242 | 137 | 143 | 0 | 30 | 147 | 60 | 0 | 37 | 7 |

续表

| | | | | | | | | | | | | | | | | | | |
|---|---|---|---|---|---|---|---|---|---|---|---|---|---|---|---|---|---|---|
| 负债合计 | 5 193 | 6 584 | 5 379 | 5 148 | 5 347 | 5 958 | 4 254 | 4 521 | 5 819 | 3 701 | 4 025 | 4 782 | 4 005 | 5 448 | 5 046 | 4 563 | 4 057 | 4 933 |
| 股东资本 | 650 | 650 | 650 | 650 | 650 | 650 | 650 | 650 | 650 | 650 | 650 | 650 | 650 | 650 | 650 | 650 | 650 | 650 |
| 利润留存 | 1 055 | 1 446 | 1 128 | 1 066 | 1 115 | 1 329 | 768 | 825 | 1 209 | 538 | 644 | 1 053 | 675 | 1 117 | 1 012 | 871 | 690 | 992 |
| 年度净利 | 233 | 886 | 135 | −296 | 154 | 61 | −215 | 286 | 725 | 412 | 429 | −118 | 90 | 440 | 178 | −583 | 113 | 19 |
| 所有者权益合计 | 1 938 | 2 982 | 1 913 | 1 420 | 1 919 | 2 040 | 1 203 | 1 761 | 2 584 | 1 600 | 1 723 | 1 585 | 1 415 | 2 207 | 1 840 | 938 | 1 453 | 1 661 |
| 负债和所有者权益总计 | 7 131 | 9 566 | 7 292 | 6 568 | 7 266 | 7 998 | 5 457 | 6 282 | 8 403 | 5 301 | 5 748 | 6 367 | 5 420 | 7 655 | 6 886 | 5 501 | 5 510 | 6 594 |

# 反侵权盗版声明



举报电话：（010）88254396；（010）88258888
传　　真：（010）88254397
E-mail：　dbqq@phei.com.cn
通信地址：北京市万寿路 173 信箱
　　　　　电子工业出版社总编办公室
邮　　编：100036